संघर्ष

अनुविशु श्रीवास्तव

मैं अपनी पहली पुस्तक अपने पिता जी को समर्पित करता हूं । जिनके मार्गदर्शन से मैं आज यहां तक पहुंच पाया हूं और जिन्होंने हमेशा मुझे आगे बढ़ाया , बहुत सारा प्यार पापा आपको

क्रम-सूची

प्रस्तावना

जीवन में संघर्ष एक नाव के पतवार जैसा है । जैसे एक पतवार नाव को पानी के विपरीत होने पर भी उसको एक दिशा में ले जा के मंजिल तक पहुंचता है वैसे ही संघर्ष जिस व्यक्ति के जीवन में आता है वो संघर्ष भी व्यक्ति को एक मंजिल तक ले कर जाता है और जो व्यक्ति ये संघर्ष का मैदान छोड़ के जाते है वो कही नही जा पाते और गुमशुदा है जाते है और जिसको संघर्ष अपनी पहली मोहब्बत जैसी लगती है वो मोहब्बत के साथ चलते है और एक बेहतर कल का सृजन करते है । यही लोग फिर समाज में मिशाल कायम करके आने वाली पीढ़ी के लिए मार्ग दर्शन बनते है । ये कहानी भी एक ऐसे ही संघर्ष की है जहां पर एक पोता , एक बेटा , एक भाई , एक पति , एक पिता के रूप में अपने आने वाली पीढ़ियों का मार्ग दर्शन करता है और यह संघर्ष आज भी चल रहा है ।

दुनिया में दो तरह के कामयाब लोगो की कहानी होती है एक जिनको कुछ समय मेहनत के बाद बहुत जल्दी सफलता मिल जाती है और वो कामयाब हो जाते अक्सर समाज में दुनिया में ऐसे लोगो की ही कहानी लिखी जाती है क्युकी लोगो को हमेशा से कामयाबी की कहानी अच्छी लगती है जिसमे जल्दी से कामयाबी मिल जाए पर वही दूसरी तरफ कुछ लोग समय और हालत से इतने बंध जाते है की वो सारी उम्र कभी उस हालत से बाहर नही निकल पाते और फिर वो लोग सारी उम्र जीवन को संघर्ष की भट्टी में झोंक देते है जिस से वो अपने आने वाली पीढ़ी का भविष्य बदल देते है और अपने आने वाली पीढ़ी के लिए मार्ग दर्शन बन जाते है ।

एक संघर्ष :- एक बेटे , भाई ,पति और पिता का...

यह कहानी से एक ऐसे व्यक्ति की है जो हमारी फिल्मों में दिखाए जाने वाले हीरो जैसी नही की मेहनत करते करते बहुत बड़ा बिजनेस मैन बन गया और दुनिया उसकी दीवानी होगी क्युकी असलियत जिंदगी में लोगो की कहानी अलग है । असलियत जिंदगी में लोग रास्ते पर आ कर ता उम्र बस मुसाफिर बन के रह गए । ये कहानी हर व्यक्ति की है , हर घर की जिस घर में एक व्यक्ति घर से ये सोच के निकलता है की अगर आज मैने काम नही किया तो मेरे परिवार का क्या होगा । जैसे जंगल में शिकार के वक्त एक शेर सोचता है अगर मैने आज शिकार नही किया तो भूखा मर जाऊंगा । असली जीवन के हीरो होते है यह लोग और हमारे भारतीय कहानी में ऐसे लोगो को कभी कोई दर्जा मिला ही नहीं । हम एक छोटी सी कोशिश कर रहे है समाज के उस पहलू को छूने की जो हर घर की कहानी है ।

इस कहानी में आपको एक लड़के द्वारा अपने अलग अलग समय पर अलग अलग कर्तव्य को पूरी ईमानदारी से निभाते हुए अपनी जिंदगी बिताना और एक पल भी अपनी जिंदगी को ले कर कोई शिकायत नहीं करना है ये कहानी एक हौंसला हारे व्यक्ति के लिए उम्मीद की किरण बन सकती है । ये कहानी उसके अंदर जान भर सकती की अगर किस्मत के भरोसे बैठे हो तो बिना मेहनत के किस्मत भी सहयोग नही करेगी । अगर किस्मत नही है तो मेहनत होनी चाहिए ।

कहानी की शुरुवात बिहार से होती है , बिहार में एक छोटे से गांव के जर्मीदार परिवार में जन्मे अशोक की हैं । वो अपने परिवार में 6 भाई बहनों में से 3 नंबर पर था । जब उसका जन्म के बाद जब उसकी मां उसको कपड़े पहना के तैयार करती तब उसके दादा उसको अपने हाथो में ले कर कहते की इसका तेज सम्राट अशोक जैसा है ये मेरे कुल को आगे बढ़ाएगा और एक नई पहचान देगा इसलिए इसका नाम अशोक होगा जो "शोक का नाश कर खुशी भर दे वो अशोक" । अशोक के दादा के पास पिता के द्वारा दी हुई संपति थी और काफी सारे जर्मीदारी होने के कारण कभी कोई काम नही किया । एक रोज जब उनके जीवन के अंतिम दिन चल रहे थे तब उन्होंने अपने जमीन को बराबर अपने तीनो बेटे में बांट दिए और एक अपने पास रखा की जो मेरी सेवा करेगा उसको जाएगा । इसके लिए पंच आए , अशोक के दादा ने पंचों को बोला की मैं अपने घर का मुखिया हूं,मेरे घर के फैसले में तुम लोग कुछ नही बोलोगे तुम लोग बस गवाह बनो अंगूठा लगाओ और जाओ यहां से पंच उनकी बहुत इज्जत करते थे ।

दादा के मृत्यु के बाद अशोक के पिता पहले मुजफ्फरपुर में एक कपड़े की दुकान पर काम करते थे फिर उनके पिता जी ने उनको घर बुला लिया था की खेती देखो उनका गांव बहुत अंदर जा के था जहां से बाजार बहुत दूरी पर था इतना की अगर शाम को आना चाहे तो वो घर समय पर न पहुंचे तो रास्ते में कोई भी चोर पकड़ के मार दे और उनके 6 बच्चे पिता जी और खुद की पत्नी जोड़ के 9 लोग थे इसलिए वो उनको अकेला छोड़ अब शहर नही जा सकते थे इसलिए अब उनके पास रोजगार का कोई साधन नही था पर जर्मीदार होने के कारण उनके पास जमीन अच्छी खासी थी इसलिए उन्होंने अपने और परिवार की जरूरत को पूरा करने के लिए खेती करनी शुरू कर दिए और जब अशोक के दादा जी की मृत्यु हुई तो गांव में बहुत

अकाल पड़ गया जिस कारण सारी फसल खराब हो गई मजबूरन में उनको अपनी जमीन बेचनी पड़ी , क्युकी दो साल से कभी कोई उनके फसल में आग लगवा देता तो कभी बरसात सही से नही हो रही थी जिस कारण उन्होंने जमीन बेचनी और गिरवी रखनी शुरू कर दिया था , दिन पर दिन खेती से कोई मुनाफा नही हो रहा था और कुछ अपने लोगो की साजिश के कारण उनकी फसलें खराब हो रही थी जिस वजह से एक एक करके काफी सारे जमीन बिक गए जिसके कारण घर की आर्थिक स्थिति एक दिन बहुत दयनीय स्थिति में आ गई थी । ऐसी स्थिति जिसको देख के लोग सोच रहे थे की कल के राजा आज रंक बन गए हो , अशोक की उम्र अभी 12 साल थी वो अपने चाचा के घर पर रहता था , उसके चाचा उसको अपने पास रखते थे वो एक डाकिया थे , अशोक शाम को चाचा की चिट्ठियां घर घर पहुंचा के आता , इसके बदले उसके चाचा उसको कुछ पैसे दे देते थे वो पैसों को गुलक में रख के जामा करता था साथ ही वह सुबह स्कूल जा के अपनी पढ़ाई करता था उसको घर की कोई खबर नहीं थी की घर का हालत कैसा चल रहा है फिर एक दिन उसने अपने चाचा को बोला की

अशोक - चाचा मां पापा की बहुत याद आ रही , मैं आज जाता हूं मिल के कल आ जाऊंगा ।

चाचा - उनको घर का हालत पता था , जिस कारण उन्होंने रोका की नही अपना पढ़ाई पर ध्यान दो , रुक के जाना घर , करोगे क्या घर जा के रास्ते का पुल टूटा हुआ है अभी हफ्ते बाद जाना ।

अशोक - ठीक है ।

अशोक जब बोलता उसके चाचा कोई न कोई बहाना बना देते और उसको रोक लेते थे । एक दिन अशोक ने ठान लिया आज तो जा के रहूंगा वो अपना स्कूल निकल कर स्कूल न जा के गांव का रास्ता पकड़

लिया ।

घर के हालात के कारण अशोक को उसके पिता जी ने अपने भाई के वहां रखा था क्युकी उनके भाई का कोई लड़का संतान नही था इसलिए उन्होने अशोक को अपना बेटा मान में रखा था की सेवा करेगा और अपनी पढ़ाई भी करेगा ।

अशोक को रहा नही गया वो अपनी साइकल उठा के गांव चला गया ।

गांव जा के उसने देखा की घर की हालत पूरी तरह खराब है घर में कुछ अनाज तक खाने को नही है और सब किसी के चेहरे सुख गए है । चेहरे देख के ऐसा लगता था की जैसे कितने दिन से खाना ना खाया हो , बचाया हुआ अनाज भी लगभग खत्म हो गया था सब की वो चावल कुटवा के या गेहूं पिसवा के खा पाए क्युकी इस साल कोई फसल नही हुई थी ।

अशोक अपनी मां के गले लग के रोने लगा की इतना कुछ हो गया आप लोगो ने बताए भी नही ।

अशोक मार्केट गया और कुछ राशन का समान ले आया उसने कुछ पैसे अपने गुलक में रखें थे जो उसको चिट्ठी बांटने के बदले उसके चाचा दिया करते थे । उसके गुलाक में करीब 150 रूपये जमा हुए थे। उसने राशन लाया , कुछ पैसे मां के हाथ पर रखा और बोला

अशोक - (मां से) ये रखो कुछ पैसे मैं और ले कर आऊंगा । अब से रोना मत मैं हूं ना ।

अशोक इतना कह के उठ के बाहर आ गया और गांव में निकल गया उसने गांव में देखा की गांव के काका लोग शहर जाने की बात कर रहे थे , शहर चल के कुछ काम करके कुछ पैसे कमाए जाए ,क्युकी खेती

में तो पैसे अब रहे नही ऊपर से सरकार से भी कोई सहायता नही है । अशोक उस वक्त दसवी कक्षा मे होने वाला था , नवी की परीक्षा दे कर , उस वक्त अशोक की उम्र 14 -15 साल रही होगी जब उसको पहली बार एहसास हुआ को अगर आज पढ़ाई के लिए गया तो पिता को एक और जमीन बेचनी होगी और घर की हालत और ज्यादा खराब हो जायेगी । फिर मैं कैसे सब ठीक कर पाऊंगा और घर में दो बहने है उनको कैसे देख पाऊंगा की खाने के लिए या अपनी जरूरत के लिए कुछ ऐसा वैसा कदम उठाए जो गलत हो , अशोक के सामने अब दो रास्ते थे एक जो बहुत कठिन था जहां बस पैरो के निशान जाने के थे पर वापिसी का कुछ नही पता था ।

स्कूल के बहाने वो घर आया था बिना चाचा को बताए उसने गांव वाले लोगो को बात सुनी और अपनी सारी किताबो को गांव के पीछे से गुजरने वाली नदी में बहा दिया और अपने बचपन की कुर्बानी देने का फैसला कर लिया । बहुत छोटी उम्र में उसने ये फैसला लिया था क्युकी घर के हालात उस से देखे नही जा रहा थे वो ख्याल में था की अगर आज नही ये कदम उठाया तो कल मैं अपने मां पापा बहनों को इज्जत कैसे बचाऊंगा जब तक पढ़ूंगा तब तक तो ये लोग कही आत्महत्या ना कर ले गरीबी के कारण ,ये सोचते सोचते वो नदी किनारे बैठा सोच रहा था , तभी उसको लगा उसके दादा बोल रहे हो की उठ तू अशोक है , " जो शोक , दुख का नाश करके खुशी समृद्धि लाए वो अशोक " जा कर लड़ तेरा नाम अशोक इसलिए ही रखा था की तू भारत के सम्राट अशोक जैसा लड़ सके चल उठा ।

अशोक ने अपने अंशु पोंछे और चल दिया गांव में ।

ये आवाज अशोक के अंतरात्मा की थी । जो उसको पूरा अंदर तक घर की हालत के बाद झंझोर के रख दिया था ।

संघर्ष की शुरुवात - अशोक ने दसवीं कक्षा में दाखिला नही करवाया और ना नवी के एग्जाम पूरे दिए उसने अपने गुलक के कुछ पैसे मां को दे कर कुछ आप पास रख लिए थे। वो उन पैसे को ले कर गांव के लोगो के पास गया ताकि वो उनके साथ गांव छोड़ के शहर चला जाए। वो उन लोगो के पास गया और बोला

अशोक:- काका मुझे भी अपने साथ ले कर चलिए शहर , मैं कुछ भी कर दूंगा आप बदले में जो बनेगा वो दे देना ।

होसियार काका :- बेटा गांव में रह के शहर के बारे में सोचना बहुत आसान होता है , तुम अभी पढ़ रहे हो अपनी पढ़ाई पर ध्यान दो , शहर का काम बहुत मुश्किल है तुम्हारे हाथो में छाले पड़ जायेंगे और अभी तुम्हारी उम्र ही क्या है जो ये सब करने सहर जाओगे।

अशोक :- काका उम्र से कोई बड़ा नही होता , हालत इंसान को बड़ा और बच्चा बनाती है । बाकी आप

हाथो के छालों की फिक्र मत कीजिए उसकी दवाई है पर जो जख्म दिल और दिमाग पर हुए है उनके लिए कोई मरहम नही आप मुझे अपने साथ ले चलो ,नही तो हम लोग की हालत भीख मांगने से भी बुरी हो जायेगी , घर में कोई जिम्मेवार नहीं है पर मुझे समझ है की इस वक्त पढ़ाई से ज्यादा जरूरी क्या है , बाकी बड़े भैया और छोटा भाई तो पढ़ ही रहा है । आप मुझे ले चलिए जो आप लोग करेंगे मैं भी वही करूंगा बाकी जैसे कहेंगे वैसा करूंगा साथ ले चलिए ।

काका :- अशोक एक बार अगर पैर निकल गए तो वापिस आना मुश्किल है और बेटा शहर बहुत भरी काम होता है हम अगली बार तुमको ले चलेंगे , अशोक की मासूम सूरत देख के उन लोगो को ममता आ रही थी की ये बच्चा कितनी बड़ी बड़ी बात कर रहा है , पर वो जिद्द

पर अड़ गया फिर काका ने पूछा

घर पर बताए हो की साथ जा रहे हो ।

अशोक :- हां , पापाजी और माई को बताया है ।

अशोक :- सोचते हुए की अगर सच बताया की नही बताया घर पर तो ये साथ ले कर नही चलेंगे और अगर घर वालो को पता लगा की शहर जा रहा हूं तो जाने नही देंगे तो वहां जाता हूं , महीने कमा के भेजूंगा चिट्ठी लिख के बता दूंगा की कहां हूं तब पता लग ही जायेगा ।

काका के मानने के बाद अशोक निकल पड़ा एक ऐसे सफर पर जिस सफर का रास्ता कहां जाता था उसको भी नही पता था । उसने नही देखे थे वो रास्ते वो गलियां जिस पर वो अब चलने वाला था । जिंदगी में ये दस्तक थी एक नए पड़ाव की एक नए किरदार की थी वो खुद को जिस संघर्ष की ताप में जलाने वाला वाला था वह संघर्ष उसको पूरा झंझोर देने वाला था उसका बचपना उस से छीन लेने वाला था जिस से संघर्ष का कभी पाला नही पड़ा था । वो अपने मन में आने वाले पड़ाव के लिए खुद को मजबूत करने के लिए खुद से कहने लगा की :-

संघर्ष

ये जीवन ये रणभूमि कुरुक्षेत्र की

यहां वीरों के ही बल है चलते

है कहने को यहां योद्धा कई सारे

रणभूमि में कुछ खास है टिकते

जंग ये रणभूमि को मनोभूमि में होगी

ये जीवन की जंग है खुद का मुकाबला अब खुद से करना होगा

संघर्ष की राह है पथरीली इस पर चलना कठिन होगा

है जीवन ये खर्च अब परिवार की खुशियों पर

अब अगले जन्म में खुद के सपनो के लिए जीना होगा

ये संघर्ष है मेरे आज से मेरे कल की

मुझे अपने हालत को बदलना होगा

रणभूमि है ये जीवन की ,यहां खुद का सारथी कृष्ण मुझे खुद बनना होगा

है संघर्ष मेरा यह, मैं जीत के जाऊंगा.....

अशोक बिना घर पर बताए वो गांव के लोगो के साथ निकल पड़ा था । घर वालो को लगा की वापिस चला गया होगा अपने चाचा के घर , वो लोग खाना खा के खुश थे उसने महीने भर का राशन घर में रख दिया था ।

उस समय रेल सुविधा उतनी अच्छी नहीं थी तो बड़ी बड़ी नदियों को नांव से पार करना पड़ता था फिर कही स्टेशन पर जा के ट्रेन मिलती थी । नदी जिसका कुछ नही पता कब उसका पानी स्तर से ऊपर हो जाए और नांव उस बहाव का शिकार हो जाए ।

नांव से रास्ता पार करने के बाद अशोक और उनके साथी स्टेशन गए उस वक्त ट्रेन बहुत कम , मुसाफिर ज्यादा थे भीड़ बहुत ज्यादा हुआ करती थी किसी तरह ट्रेन पकड़ कर वो पंजाब गए ।

अप्रैल मई का वक्त था जब हमारा हीरो पहली बार अपने घर को छोड़ कर अकेले अनजान शहर आया था । अशोक ऐसे परिवार से संबंध रखता था जिसके परिवार के लोगो ने बस लिखने पढ़ने और बाबू साहब बनाने के काम किए थे पर अपने आत्मसम्मान को एक तरफ करके अशोक ने मेहनत का रास्ता चुना और किताबो की जगह वो अपने हाथ में गेहूं काटने के लिए औजार पकड़ लिया । वही दूसरी तरफ गांव में सब जगह ढूंढा जा रहा है की कहां गया कहां गया अशोक , उसके चाचा ढूंढते ढूंढते गांव आए की अशोक आया था क्या ?

अशोक के पिता जी - आया था पर चला गया वो कबका हमे लगा वापसी तुम्हरे पास गया ।

चाचा - नही , वहां नही आया मैने उसको यहां आने से रोका था पर वो नहीं माना और यहां आया , भैया वो आप लोगो की हालत देखा होगा तो उसको बुरा लगा होगा

अशोक के पिता जी - हां , महीने भर का राशन रख के गया है और अपनी मां के हाथ पर कुछ पैसे की किसी चीज की कमी हो तो ले आना । इतना कह के गांव में गया था साइकल ले कर फिर वापिस नही आया ।

अशोक के पिता और उसके चाचा ने गांव में ढूंढा वो नही मिला फिर उसने साइकल चुपके से घर के पास खड़ी कर के चला गया था । फिर गांव के लोगो न बोला की वो तो शहर गया , होसियार और बाकी लोग के संग , वो कह रहा था की पापाजी और मां को बता के आए है ।

अब उन लोगो को ये नही पता था की वो शहर कहां गए है कौनसे शहर गए तो अब अशोक के माता पिता के पास यही आखरी चारा था की वो उसका इंतजार करे । उस समय लोगो के पास फोन नही हुआ करते थे

तो पूछना मुश्किल था इसलिए घर वालो ने अब इंतजार किया उसके आने का इधर अशोक की जिंदगी पूरी तरह बदल गई थी कल तक एक पंद्रह साल का बच्चा जिसको अपने स्कूल की किताबो और कलम पकड़ने और चिट्ठी बांटने से फुर्सत नही थी आज वो गेहूं काटने के लिए हसुआ (गेहूं काटने वाला औजार) पकड़ लिया । 80 के दशक की बात है जब अशोक अपने गांव से बाहर आया था और उसने संघर्ष का बहुत कठिन मार्ग चुना था क्युकी जिसके घर में आज तक किसी ने ऐसा काम ना किया था और ना कोई करने का सोच सकता था ,उसके लिए वो सब नया था । अशोक के हाथो पर काम करने से छाले पड़ गए थे और साथ में बहुत जगह कट भी गए थे उन कटने छलो के निशान पर अशोक का हौंसला छालों और घाव के आगे कमजोर नही क्युकी उसके हर घाव पर उसको अपने मां , बहनों के मायूस चेहरे याद आते थे । उसका सपना था एक बड़ा अफसर बनने का और अपने परदादा जैसे राजा जैसी जिंदगी जीने का पर नियति ने उसके साथ कैसा खेल खेला की अफसर तो दूर उसको अपनी पढ़ाई तक छोड़नी पड़ गई ।

जंजीर

ख्वाब और नौकरी

ने कितने लफड़े कर दिए।

एक तरफ दिल तोड़े एक तरफ

पेट पालने के फैसले के दिए।

एक बनी हंसने कि वजह तो

एक ने खामोशी के घर के दिए ।

दिया बुझ रहा था ख्वाइशों का

तो एक ने हवा का रुख भी के दिए

इस

ख्वाब ओर नौकरी ने

कितने लफड़े कर दिए

मिट्टी के बने शरीर को

पत्थर कर दिए

इस ख्वाब ओर नौकरी ने जीवन में कई लफड़े कर दिए .....

धीरे धीरे एक महीना बीत गया और कटाई करके उसके पास लगभग 200 रुपए हो गए थे , उसने उन पैसों को मनी आर्डर कर दिया । घर के लोगो के पास जब पैसे पहुंचे वो जान गए की ये पैसे अशोक ने भेजे है । वो लोग खुश थे की चलो घर का खर्चा अब चलना शुरू हो जाएगा । उन पैसों से अशोक के पिता जी ने घर के खर्चे चलाने शुरू किए और उनको एक उम्मीद की किरण दिखाई दी अपने बेटे के रूप में पर वो चिंतित भी थे की ना जाने कैसा होगा , कैसे रह रहा होगा , ये सोच के वो भावुक भी हो जाते थे ।

जब गेहूं के कटाई का समय खत्म हुआ तब अशोक के कुछ साथियों ने सोचा अब वापिस गांव जाया जाए और कुछ ने सोचा की मुंबई या किसी अन्य राज्य में जा के कुछ किया जाए । सबको जाता देख होसियार काका ने बोला की बाबू तुम भी जा के गांव घूम आओ बहुत दिन हो गए है फिर सभी साथी भी बोलने लगे

साथी :- अशोक तुम भी चलो गांव तुमको गांव गए काफी वक्त हो गए है चल के गांव से घूम आओ फिर वापिस आ जाना ।

अशोक :- अभी कुछ नही किया , ये पैसे कुछ नही है , इतने से कुछ नही होंगे , आप मेरी चिट्ठी ले जाओ मां को दे देना और कह देना अपना ध्यान रखे मैं ठीक हूं जल्द आऊंगा घर ।

साथी :- इतना जिद्द अच्छा नही , तुमको आदत नही है इतना काम करने की और आगे जब दूसरे जगह जाओगे वो सब ठंडे इलाके है वहां पर कैसे रहोगे। बीमार पड़ जाओगे , तुम्हारी हालत भी बहुत खराब है बिलकुल सुख गए हो इतने कमजोर तुम कभी नही थे ।

अशोक :- जैसे यहां तक हिम्मत से लड़ा हूं आगे भी लड़ूंगा पर भागूंगा नही , में भागने नही आया था , और अगर भाग के वापिस गया तो मैं खुद से नजर नही मिला पाऊंगा कही मैं आत्महत्या जैसे कदम ना उठा लूं और सब कहेंगे की कमा लिया आ गया उस आत्मसम्मान के मजाक से अच्छा है मैं इधर ही कही पड़ा रहूं । बाकी आप गांव जा के कहना सब कुशल मंगल है ।

इतना सुनने के बार अशोक के साथियों ने उसको गले लगाया और चल गए । फिर अशोक भी अपने बाकी साथियों के साथ दिल्ली , मुंबई , पंजाब , कश्मीर , लद्दाख जैसे राज्य में काम की तलाश में भटकने के बाद लद्दाख में एक सेब के बगीचे में काम मिला । अशोक और उसके साथी सब कोई वहां सेब के बगीचे की देखभाल कर रहा था , उम्र कम होने के कारण कोई ज्यादा भरी काम के लिए उसको नही बोलता था । सन 1984 की बात है जब अशोक लद्दाख जैसे सर्द मौसम में जीवन यापन कर रहा था , ऐसे मौसम जहां पर अगर चाय भी रखी जाए तो चाय का दूध बर्फ बन जाता था और जिस कारण खाना तो दूर पीने को पानी भी सही से नही मिल पाता था । अशोक एक बहुत बड़े अधेरे से

लड़ रहा था और लेटे लेटे सोच रहा था जिसकी कल सुबह होगी , उस सुबह में मेरा नाम होगा इसी उम्मीद से वो अपने नाव के पतवार के भरोसे लड़ रहा था बेहतर कल के लिए और लेटे लेटे वो गांव को याद करते हुए सोचने लगा

गांव

आज शाम शांति में गांव की याद आई

वो गली और गली में बच्चो का शोर याद

आए

जून के आंधी में गिरे बगीचे के आम याद आए

और शाम खेत घूम हरियाली याद आई

आरसो पहले छोड़ा था गांव हमने भी

सकून और आज़ादी के लिए

आज भागती इस दुनिया में वो ठहराव वाली

दुनिया याद आई

हंसी था , सब एक संग थे ,

आज कोई कहीं तो कोई कहीं और नजर आए

आज शाम में गांव का गन्ना और सरसो का खलियान याद आए

आज वो सकून वाली ज़िंदगी गांव की याद आई।।

गांव को याद करते हुए ना जाने कब उसकी आंख लगी और सुबह हो गई ।

लद्दाख के सर्द में सेब के बागानों में काम करने और वहां के निगरानी और पेड़ो के सुखी लकड़ियां तोड़ने का काम करते हुए एक रोज बहुत सर्द दिन के कारण उसको तेज बुखार हो गया।

उसके साथी ने पूछा की क्या हुआ आज उठे नही

अशोक :- पूरा शरीर दुख रहा है और सर्दी लग रहा है , हिम्मत नही हो रही की उठ के चल पाऊं, तुम जा के कह देना की तबियत खराब है ।

अशोक एक ईमानदार और जिम्मेवार लड़का था वो उन सबमें उम्र में भी छोटा था इसलिए सब उसको मानते थे की अगर ज्यादा काम करने से कोई अनहोनी हो गई फिर क्या कहेंगे isk घर वालो को क्युकी अशोक एक अच्छे परिवार से संबंध रखता था । सेब के बगीचे का मालिक उस दिन बगीचे आया उसका बेटा अशोक के उम्र का था तो दोनो के बीच अच्छी दोस्ती थी दोनो साथ में खेलते और खाना तक खाते थे । बगीचे का मालिक एक मुस्लिम था , उसका बेटा बोला अब्बू आज अशोक नही आया । शेख न बाकी लोगों से पूछा की

शेख :- आज वो छोटा लड़का नही आया

साथी :- उसकी आज तबियत खराब है।

शेख :- उसने दवाई खाई की नही , " ये लद्दाख का बुखार है और तुम लोग गर्म जगह से हो । चलो अभी उसके पास ले कर मुझे ।

शेख , उसका बेटा और अशोक का साथी घर आते है । तब अशोक सोया हुआ था ।

शेख :- बुखार देख के ," इसको बहुत तेज बुखार है मैं डॉक्टर को बुलाता हूं ।

डॉक्टर :- 15 मिनट बाद आए और चेक करके दवाई दी ।

शेख :- शेख ने डॉक्टर को पैसे दिए और शेख का बेटा अशोक को बोला की भाई तुमको कोई दिक्कत होगा हमको बताना हम तुम्हारी मदद करेंगे । तुम सब हमारा महमान भी है और हमारा दोस्त भी है , तुम अपना ध्यान रखना मैं कल फिर आऊंगा बाकी तुम एक बार कहना मैं आ जाऊंगा ठीक है मैं चलता हूं ।

शेख और अशोक दोनो ने एक दूसरे को नमस्ते किया और चले गए ।

अगले महीने दिवाली थी तो शेख का लड़का अपने दोस्त और सबके लिए मिठाई ले कर आया और सबको मिठाई खिला के दिवाली की शुभकामनाएं दिए ।

उन लोगो के बीच ऐसा था की किसी भी तरह का हिंदू मुस्लिम वाला भेद भाव नही था । वो होली , दिवाली सभी हिंदू त्योहारों पर उन सबको मिठाई और जश्न मनाते थे वैसे ही ईद पर उनके कहे अनुसार खाना बना के ईद की सिवैया और खाना खिलाते थे घर बुला कर । अशोक को लद्दाख रहते साल भर हो गए थे ।

एक दिन लद्दाख में बहुत ठंड पड़ रही थी ,लगता था जैसे हिम युग आ गया हो । ठंड से हाथ पैर जम रहे थे । फिर अशोक ने जब लकड़ी जलाते और सर्द के कारण पूरा घर भी बर्फ से ठंडा हो जाता तब लकड़ी जलती और बूझ जाती दरसल पैसों की कमी के कारण जेब में उतने पैसे नही होते थे की दवाई ले या फिर खाना अच्छा खा पाए क्युकी कमाने से ज्यादा बचत करके घर की हालत को ठीक करना उसका पहली जिम्मेवारी बन गई थी । हर हफ्ता महीना तबियत खराब के

कारण अशोक को इन सब के बीच लद्दाख छोड़ के कश्मीर में कुछ महीने बिताए और फिर पंजाब में आ कर काम करने लगा । हर महीने वो समय समय पर पैसे भेजता था और चिट्ठी लिख के कहता था की सब ठीक है ।

उसके भेजे पैसे से घर के हालात ठीक थे , पर अशोक जनता था की जब तक वो पैसे भेज रहा है तब तक ही घर का हालत ठीक है , जहां उसने पैसे भेजने बंद किए घर का हालत दुबारा उसी अंधेरे में डूब जायेगा और फिर ये सारा मेहनत उसका किसी काम का नही रहेगा । वो चाहता तो वापिस जा के अपनी पढ़ाई शुरू कर सकता था , पर वो नहीं जा पाया और जिम्मेवारियों तले दब के उसने अपने सारे अरमानों को खत्म कर दिया ।

अपने जीवन में ये संघर्ष को देख के अशोक अपने जीवन में कुछ ज्यादा सोचने लगा था जिस कारण उसके मन में तरह तरह के शब्दो ने जन्म लिए उन्ही शब्दो को जोड़ जोड़ के उसने कुछ कविताएं , शायरी लिखी थी ।

अशोक अपनी जिंदगी के अनजाने मोड़ से बहुत सोच में था की कैसे कैसे जीवन की गाड़ी ये कहां से मुड़ गई , लेटे लेटे वो सोचते हुए कुछ लिखने लगा

आ बैठा पास मेरे ए जिंदगी

तुझे अपना हाल बता दू ज़रा

मैं तो तुझे बनाने में लगा हूं

तू खुद का ही हाल बता दे ज़रा

ए ज़िन्दगी आ बैठा ज़रा

तेरी ख़ुशी के लिए हर दम में लड़ता हूं

तू अपनी खुशी बता दे ज़रा

मैं लड़ जाऊंगा फिर से सब से

तू उठा के मुस्करा दे ज़रा

ए ज़िन्दगी आ बैठा ज़रा

मैं शाम सुहानी कितनी ले आया

तू आ कर गले लगा जा मुझे

मैं अदरक वाली चाय भी ले आया

तू एक चुस्की लगा जा ज़रा

मैं गीत भी कोयल का ले आया

तू भी संग राग सुना दे ज़रा

ए ज़िन्दगी आ बैठा ज़रा

लोग टोड़ते है मुझे एक मलबे कि तरह

मैं टूट गया हूं एक खंडहर कि तरह

तू सुनती है ना ज़िन्दगी

आ बैठा ज़रा........

पंजाब आते ही अशोक को काम की तलाश थी , उसके साथियों ने एक बहुत बड़ी कॉलोनी बनाने का ठेका लिया था और अशोक ने मिस्त्री का काम कभी नही किया था , कलम चलाने वाले हाथो में पहले ही छलो के निशान थे अब वो निशान एक इनाम के जैसे उसके हाथ पर छप गए थे जो बया करते थे की एक बच्चे का हाथ जिम्मेवारी में तपा हुआ है अशोक को यहां पर ज्यादा भरी काम ना करने दे कर ईट उठा के मिस्त्री को देने का काम दिया गया ।

ठेकेदार :- तुमको बस ये ईट उठा के देना है ।

अशोक :- ठीक है

उन सभी मिस्त्री के बीच में सबसे कम उम्र का वो लड़का जिसकी अभी ठीक से मूंछ भी नही उगी थी वो ईट माथे पर उठा उठा के ले जाता था। एक गर्मी में चक्कर आने से सारा ईट उसके ऊपर गिर गया पीठ और पैर पर बहुत गहरी चोट लग गई । सब कोई भाग के आए उसको डॉक्टर के पास ले कर गए ।

डॉक्टर ने दवाई और पट्टी किया और पूछा

डॉक्टर :-सुबह क्या खाया था ?

अशोक :- डॉक्टर साहब दो दिन से कुछ नही खाया बस पानी और चीनी खा के आया था ।

डॉक्टर :- जब कुछ खाओगे नही तो इतना भारी काम कर रहे हो कैसे कर पाओगे आगे से ध्यान रखना नही तो ज्यादा दिक्कत हो जायेगी ।

अशोक :- ठीक है ।

कहने को एक अच्छे परिवार का लड़का जिसके पूर्वजों ने लोगो को बिना कीमत लिए जमीन पर जमीन दोनो हाथो से बांटा करते थे ।

अशोक के परदादा जी गांव के तहसील दार थे , तहसीलदार रहते उन्होंने बहुत से ब्राह्मणों और हिंदुओं को जमीनें दी थी और उनके संबंध मुस्लिम से भी अच्छे थे , क्युकी उन्हींने दूसरे गांव में मुस्लिम को भी जगह दी थी इसलिए वो लोग उनकी इज्जत करते थे । तभी जब उनका देहांत हुआ तब उनके बेटे यानी अशोक के दादा जी को अपना पैतृक घर छोड़ कर दूसरे गांव जाना पड़ा ,जिस गांव के लोगो को जमीन उसके परदादा ने दी थी उन लोगो ने ही अशोक के दादा लोगो की रहने नही देते थे वो लोग जब घर बनाते कभी कोई उनके घर में आग लगा देता तो कभी चोरी करवा देता उन लोगो के पास दूसरा कोई गांव नही था , उस वक्त एक मुस्लिम की जमीन पर उनके दादा लोगो ने घर बनाया एक कमरा , वो मुस्लिम ने इज्जत में बोला था की सब आपके पिता जी द्वारा ही उन्होंने कभी भेद नही किया बहुत भले मनुष्य थे , उनके जाने के बाद आप लोगो को कोई तकलीफ नही होगी आप यहां रह सकते है , एक कमरा का जमीन दिया और अशोक के दादा जी ने बहुत बड़ा जमीन पर अपना घर बड़ा कर लिया सारे मिट्टी को चूल्हे की राख से भर भर के उन्होंने जमीन को रहने लायक बनाया , उनके पास अब बस यह गांव था क्युकी उन्होंने अपना 16 कमरों का मकान छोड़ के आए थे ।

अशोक के परदादा के पास 17 गांव की जमींदरिया हुआ करती थी । अशोक के परदादा ने घर एक बीच में बनाया था पूरे शहर के जहां से कोई भी आए जाए तो उनके घर से हो कर जाता था , अनाजों के ढेर लगे रहते थे , घर में खाने के लिए तरह तरह की चीजे थी , घी , मक्खन , पनीर , मलाई , दूध के कमी नही थी । गांव के लोग उनको

राजा साहेब कहते थे , वो जब गांव में निकलते तो उनका सफेद घोड़ा उनके साथ होता था लोग सम्मन में सर झुका के रहते थे । गांव में उस वक्त कला जादू जैसे बहुत से सच या अंधविश्वास हुआ करते थे , अंधविश्वास के कारण अशोक के पिता जी के बड़े भाई का देहांत हुआ और लोगो ने बोला की किसी डायन ने किया है जिस कारण वो लोग डर वो जगह छोड़ के दूसरे गांव आना पड़ा जल्दीबाजी में वो जगह छोड़ने के कारण उन लोगो ने जमीन के कागज और जमीन जायदाद सब छोड़ दिए की अगर ," आगे पीढ़ी बची तो बहुत जमीन जायदाद बन जायेगी "। अशोक के परदादा जी को उनकी बुआ ले कर आई थी अशोक ने अपनी मां से सुना था की उसके परदादा के पिता एक राजा थे उनकी खुद की एक सेना थी पर उनके कुछ मंत्रियों ने उनको धोखे से मारा ,जिस कारण उन्होंने अपने लड़को को अपनी बहन को सौंप कर उसके हाथ पर अपनी वसीयत सौंप दिया और उनकी बुआ ने उसके परदादा को ले कर दूसरे जगह आ गई थी , फिर जब उसके परदादा बड़े हुए तब उनकी बुआ ने उनके 25 साल होने पर उनको 17 गांव के मलिकियत के कागज दिए पर उसके परदादा पढ़ लिख के एक तशसीलदार बन चुके थे । इसलिए उन्होंने अपना खुद एक साम्राज्य बनाया हुआ था और अपने तहसीलीदारी में बहुत लोगो को जमीन दिया अपने हिस्से में से ताकि वो अपने परिवार का भरण पोषण करे और कई सारे गांव को बसाया । अशोक के दादा ने अपने पिता के द्वारा दिए हुए जमीनों की रक्षा उन्होंने सभी जमीन को बचा के रखा था ।

अशोक के घर के लोग कभी बिना प्रेस किए कपड़े नही पहने थे ।

अशोक:-(अपनी मां से) पूछा की जब हमारे घर की हालत इतनी अच्छी थी तो तो आज हम ऐसे कैसे हो गए ।

तब उसकी मां ने बोला

मां:- बेटा राजा हरिश्चंद्र भी राजा से रंक बने थे और उन्होंने भीख मांग के खाना खाया था । ये जीवन है संघर्ष जिसके हिस्से आता है वो नई गाथा लिखता है , तू भी पढ़ लिख के एक नई गाथा लिखना की तेरी आने वाली पीढ़ी दुबारा उस मान सम्मान से रह सके ।

शहर में जिम्मेवारी तले दबा हुआ अशोक जो आपने जीवन का युद्ध लड़ रहा था। धीरे धीरे समय बिता शहर में एक अच्छी फैक्ट्री में उसको नौकरी मिली जहां पर उसने एक हेल्पर के रूप में काम शुरू किया और अच्छा वेतन पाने लगा उस समय के हिसाब से उसकी महीने की कमाई 150 रुपए थी । 5- 10 रुपए उसका महीना का खर्चा था । एक ही फैक्ट्री में ज्यादा समय तक रहने और अपने सभ्य बोली के कारण उसको उसका मालिक बहुत मानता था काफी दिन जब मालिक ने अपनी तसल्ली कर ली की हा लड़का अब हमेशा साथ देगा तब पुराना और विश्वशपत्र होने के कारण उसको उसके फैक्ट्री मालिक ने मोटरसाइकल का किक का डिजाइन बनाने और उसकी कटिंग करने का काम सिखाया

और बोला की

सरदार :- काम तो सीखा रहा हूं कही ऐसा ना हो की मतलब निकलने के बाद तू गायब हो जाए ।

अशोक :- नही जाऊंगा ।

यहां से अशोक के जीवन में एक मोड़ आया पर संघर्ष अभी बाकी था । फिर 90 की दशक में जब अपनी पूरी साल भर की कमाई जब घर भेजी तब उसने अपनी कमाई से सब से पहले अपनी जमीन को छुड़वाया फिर धीरे धीरे सभी बंधक जमीनों को छुड़वा।

इतनी कड़ी मेहनत और सही वक्त पर खाना ना खाना , सही नींद और बीमारी में लापरवाही के कारण उसको टीवी और पीलिया हो गया । गांव के लोगो को पता लगा तब सब बोले वापिस आ जाओ ।

अशोक जिद्दी था उसने गांव आने से मना कर दिया और यही पर दवाई करवाना शुरू कर दिया । बीमारी के कारण काफी कमजोरी आ गई थी पर जिद्दी और हौंसले का मजबूत अशोक ने अपने हौंसले से बीमारी को मात दिया और दुबारा पहले जैसे हो कर अपने कल की लड़ाई शुरू कर दिया ।शुरू से संघर्ष करने वाला जिसके लिए संघर्ष उसकी पहली मोहब्बत थी । ये संघर्ष करते करते उसने अपने जीवन का 15 साल का वनवास होने के बाद भी घर गांव से दूर जीवन बीता रहा था अपने जीवन के इन सालो में अशोक बहुत बार गिरा ,बहुत बार झुका , बहुत सारे मौसम से गुजरा तरह तरह के उसने रंग देखे जीवन के इन सब संघर्ष में उसके मन में एक बार भी खयाल ये नही आया की अब वापिस चला जाए या इतनी मुश्किल से जिंदगी खत्म किया जाए हमारा योध्या हमेशा सीना ताने मैदान में खड़ा था ,धीरे धीरे समय बिता उसके सामने अब मुख्य बहनो की शादी और खुद की शादी की जिम्मेवारी थी । जिंदगी से इतना कुछ देखने और सीखने के बाद अब अशोक काफी मजबूत हो गया था बड़ी से बड़ी समस्या उसके लिए अब कुछ नही थी ।

आखिर कौन हूं में

एक खुद के लिए बड़ी पहेली ओर एक सवाल हूं मैं

तेरी खुशी या तेरी जिन्दगी मे बोझ हूं मैं

आखिर कौन हूं मैं,

कलम के सहारे चलने वाला फकीर हूं

या अपने सपनो मे जीने वाला मन मौज हूं मैं

तेरी जिन्दगी का खास हिस्सा या तेरे कंधो पर बोझ हूं मैं

आखिर कौन हूं मैं

अपनी खुशियां छोड दूसरो को खुश करने वाला

जोकर ,या तेरी दुनिया का सबसे बड़ा अभिनेता हूं

तेरे आंखो की रौनक या तेरे लबो की नमी हूं

आज करके यह सवाल खुद से 'मौन'हूं मैं

आखिर कौन हूं मैं.....

काफी समय शहर में रहने पर अशोक का मन हुआ वापिस गांव जाने का और थोड़ा गांव के मौसम में रहने का उसने अपने फैक्ट्री मालिक के पास गया और हिसाब मांगा ।

अशोक :- सरदार जी , मैं 15 साल से अपने गांव नही गया । मैं जाना चाहता हूं मैं कुछ दिन में वापिस आ जाऊंगा घूम के मां पापा को भी देखे काफी साल हो गए ।

सरदार :- ठीक है जाओ पर ध्यान से जाना ट्रेन में बहुत चोर होते है ।अपने पैसे ध्यान से रखना ।

अशोक :- ठीक है ।

इतना कह के अशोक ने पैसे लिए और अपने गांव को निकल पड़ा । उसने पैसे अपने पिछली जेब में रखे थे कुछ पेंट के अंदर जेब बना के

रखे थे । चोरों ने ब्लेड से पेंट काट के सारे पैसे निकाल लिए थे । अशोक ने जब ये देखा तब वो बहुत उदास हुआ । इतना की वो बाथरूम में जा के रोने लगा अब उसके पास वापिस जाने तक के पैसे बस थे गांव जा के वो क्या करता ।

उसने उसी वक्त अगले स्टेशन पर उतरा , काफी देर तक सब सोचने लगा की कहां से कहां तक का सफर किया कैसे कैसे दिन देखे सब याद करके वो हंस भी रहा था और रो भी रहा था पर अपने बीते अतीत से वो खुद को मजबूत कर रहा था की क्या हुआ पैसे ले कर गया है मेरा हौंसला मेरा नसीब तो आज भी मेरे पास शायद किसी जन्म का कर्ज होगा जो आज वो ले गया ये सोच के वो वापिस पंजाब आने के लिए ट्रेन पकड़ लिया , ताकि फिर जीरो से शुरू कर सके और सब कुछ खो के दुबारा लड़ सके। कभी कभी वो सोच रहा था की जिंदगी किस बात की लड़ाई करवा रही है जब जीत नजदीक होती है तब उठा के पटक देती है ।

अशोक सरदार जी के पास गया और सब बताया की उसके पैसे चोरी हो गए ।

सरदार ने उसको बोला ," चल कोई न पुत एह जिंदगी आ ऐथे सुख दुख चलदे रहिंदे ने ते रब वि उसदा ही इम्तिहान लेंदा जेहरा लड़न वाला हुंदा , चल कोई ना शेरा शेर वांग रिहा कर मजबूत ।

सरदार की इन बातो से अशोक में थोड़ी हिम्मत आई।

कुछ महीने बीते उस वक्त चिट्ठी का जमाना था फोन बहुत कम लोगो के पास होते थे और कई जगह नही ही होते थे ।अशोक ने चिट्ठी में सब लिखा की कैसे उसके पैसे चोरी हुए कैसे वो वापिस नही आ पाया ।

मां पिता जी को प्रणाम

आशा करता हूं की सब कुछ ठीक होगा ।

मैं पिछले हफ्ते गांव आने के लिए ट्रेन पकड़ था पर रास्ते कुछ चोरी ने जेब काट के सारे पैसे चोरी कर लिए थे ।

इसलिए मैं गांव नही आ पाया ।

मैं जल्द ही घर आऊंगा ।

आपका बेटा अशोक ....

अशोक के हर महीने पैसे देने के कारण घर के लोग उस पर पूरी तरह से डिपेंड ही गए थे और उन लोगो ने उस से बस पैसे जितना मतलब रखने लगे थे उनको अब वो बस सोने का अंडा देनी वाली मुर्गी लग रही थी । अशोक ठीक ढंग से खाना नही खाता इनको पैसे भेजता था ताकि जमीन सब छूट जाए और घर का हालत सही हो घर बनवा सके पर घर के लोगो ने पैसे आते देख अपने ऐश आराम में लगाया खाने में खर्च किया , पर घर का कोई काम नही किया । उन लोगो ने पैसे से अपने लिए एक किरयाना दुकान कर लिया और जो पैसे आते उस से अपना काम देखते इसके बारे में अशोक को नही बताए थे ।h

अशोक के पास हर महीने एक चिट्ठी आती रहती थी की कभी मां के बीमारी कभी पापा के बीमारी तो कभी खेती और बहन के पढ़ाई के लिए वो अकेला सब कुछ संभाल रहा था । खुद को हिम्मत देने के लिए वो खुद से कहता था वो शहर में खुद का मां और बाप था अपनी उम्मीद को मजबूत करने के लिए खुद से कहता था की

राही मायूस ना हो मंज़िल मिल जायेगी

सफ़र का मजा उड़ा ,

क्युकी ये सफ़र ना दुबारा आयेगा

शाम होते आ जाएंगी , रास्ते में तेरे छाओ भी

तू धूप में चलता जा क्युकी

ये जोश ना दुबारा आयेगा

फितरत है ,

उची मंज़िलो का की इतराती बहुत हैं

तू हौंसला मजबूत कर

चल समुंदर भी तेरे पास आयेगा

राही मायूस ना हो , तू निडर है तू हौंसला रख

ये दिन महीने साल जैसे गुजरे है , ये दौर भी गुजर जायेगा

एक रोज निकलेगा सूरज अपनी जीत का

तू आज अपनी मेहनत का जश्न मना के चल

राही मासूम ना हो तू अपने कदम बढ़ाते चल ....

कुछ महीने काम करने के बाद वापिस गांव जाने के लिए अशोक ने सरदार से बात की , सरदार जी ने उसको दुबारा समझाया की ध्यान से जाना और कोई कुछ रास्ते में दे तब खाना मत लोग कुछ खिला के पैसे छीन लेते है । किसी अजनबी पर यकीन ना करना ।

अशोक अपने गांव के सफर पर निकल पड़ा ।

ट्रेन के पटरियो की आवाज में उसको बहुत अच्छी नींद आने लगी वो अपनी कॉपी निकल कर लिखने लगा अपने इस सफर के बारे में उसने लिखा ...

।। जिंदगी ये ट्रेन की पटरी।।

खटखटाती पटरियो मे एक शोर था जिन्दगी का

मिलते मिलते दूरियो का एहसास था

संग साथ निभाना हर धुप हर बरसात मे था

थ्र थ्र करती आवाज कभी आराम था

ऐसा ही मिलता जुलता हाल जिन्दगी का भी था।।

खटखटाती ....

खिड़की से देख कर कभी ठंडी हवा तो

कभी टेढी तो कभी सीधी चाल थी

दूर से देखते पेड छुप जाते, तो कभी

गुम हो जाती दुनिया एक सनाटे मे थी

खटखटाती....

कई हँसते चेहरे थे,कही दिल मे दर्द था

कही बरसो मिलने की खुशी ,

तो कही दूर जाने का गम था।।

कई साथ बैठे मुसाफिर हाथ मिला कर चले गये मंजिल आ गयी बोल
कर चले गए

तो कोई हम जैसा उम्र भर मुसाफिर रहा

जिसकी मंजिल क्यू पता हर वक्त गुम रहा है

है सफर में जिंदगी ये ट्रेन जैसी

कभी एक स्टेशन , कभी एक स्टेशन

पर ता उम्र ये जिंदगी और ट्रेन सफर में रहा

खटखटाती पटरियो मे एक शोर था जिन्दगी का......

ट्रेन में कई लोग बैठे थे सब अपने अपने पढ़ाई और काम के बारे में बता
रहे थे । खिड़की पर बैठा अशोक सबकी बाते सुन रहा था । वहां पर दो
लड़के बैठे थे । उम्र के हिसाब से वो सरकारी नौकरी की परीक्षा दे कर
आए थे तो दोनो बात कर रहे थे दोनो एक दूसरे के नाम योगेश और
कमलेश ले रहे थे ।

योगेश :- भाई इस बार अगर पास नही हुए तो घर में इतनी सारी
जिम्मेवारी है । मुझे तो चिंता हो रही है की कैसे करेंगे । मुझे से नही
होगा मैं जिंदा नही रह पाऊंगा ।

कमलेश :- भाई अगर मेरा नही हुआ तो प्रीति की शादी कही और हो
जायेगी और उसके बिना मैं जिंदा नही रह सकता इसलिए बहुत जरूरी
है की हमारा हो जाए ।

दूसरी तरफ अशोक बैठा सुन रहा था । अच्छे घर परिवार से होने के कारण अशोक अच्छा दिखता था दिखने में वो काफी सुन्दर था , तो वो लड़को ने पूछा की भैया आप भी एग्जाम दे कर आ रहे है क्या ?

अशोक :- नही , मैने 9वि के बाद अपनी पढ़ाई छोड़ के घर से भाग गया था , घर के हालात सुधरने के लिए ।

दोनो लड़के :- उस वक्त तो आपकी उम्र बहुत कम रही होगी उतने उम्र में कौन भागता है , तुम झूठ बोल रहे हो ।

अशोक के पास अब कोई सबूत तो था नहीं को वो बता सके की उसका जीवन कैसे संघर्ष पूर्ण बिता है , क्युकी उसका रूप रंग कद काठी एक बहुत ही सुंदर और हीरो जैसी थी क्युकी वो एक राजघराने का लड़का था ।

अशोक :- अपने दोनो हाथ आगे करते हुए बोला की भाई यही मेरी डिग्री है।

?

अशोक के हाथ देख के वो दोनो लड़को के आंख में अंशु आ गए वो दोनो अशोक से पूछने लगे की भाई तुम दिखते तो अच्छे घर परिवार से हो फिर ये हाथ पर इतने सारे छाले और कटने के निशान कैसे , भाई तुम्हारा जीवन इतना संघर्षपूर्ण रहा है कैसे तुमने ये जीवन को जिया है ।

अशोक :- हंसते हुए बोला " कच्ची उम्र की संघर्ष मेरी पहली मोहब्बत है "

इसका मेरे साथ बहुत गहरा नाता हैं । आज मैं 15 साल बाद वापिस अपने गांव जा रहा हूं ।

दोनो लड़को और अशोक के बीच काफी देर तक बातचीत हुई और इतने में वो दोनो का स्टेशन आ गया और वो दोनो ने अशोक से हाथ मिलाया और उसको धन्यवाद बोला की भाई आपके वजह से हमे एक नई दिशा मिली है आपके जीवन से हम प्रेरणा ले कर फैसला करते है की कितनी भी मुश्किल आए हम भागेंगे नही लड़ेंगे और जीतेंगे अपनी मेहनत से अपनी तकदीर को बदलेंगे ।

अशोक उनकी बाते सुन के बहुत खुश हुआ उसने नम आंखों से उनको विदा किया ।

पहली बार शायद अशोक को एहसास हुआ जैसे उसने अपने जीवन में कुछ किया है । वो काफी लोगो के जीवन में प्रेरणा बन सकता है ।

इतने देर में अशोक का गांव आ गया ।

स्टेशन से उतर के उसने ऑटो तांगा लिया वो गांव के हालत देख के हैरान की गांव आज भी वैसा का वैसा ही हैं उसको था की शहर में बदलाव से गांव भी बदला होगा । अशोक के गांव में अभी लाइट तक नही आई थी ।

गांव पहुंच के उसने मां पापा को प्रणाम किया । कुछ दिन पिता जी के साथ खेती में हाथ बटा के और जमीन का कुछ काम रहता था वो सब करके वो वापिस पंजाब जाने की तैयारी करने लगा ।

अशोक की मां उसके पास आ के कहती बेटा

मां - सही से खाना खा लेना , पैसे के पिछे जाते जाते सेहत मत खराब कर लेना । अपना ध्यान रखना और छोटी के शादी का भी देखना है तो खुद का ध्यान रखना ।

अशोक नम आंखों से अपना सामान उठा के चल देता है । पहले में और अब में इतना बदलाओ हुआ था की नाव से नदी पार नही करनी पड़ती थी । अब नदी के ऊपर पुल बन गया था ।

अशोक आखिरी बार अपने गांव को देख के जाने से पहले अपने गांव को देवी मां काली और मां सोना भवानी के दर्शन को जाता था । वो शहर जाने से पहले माता के दर्शन को गया और माता से बोला की मां मेरे सारे जिम्मेवारी अच्छे से हो जायेगी बहनों की शादी और घर के हालात ठीक हो जायेंगे तो मैं आपकी पूजा करवाऊंगा । दर्शन करने के बाद वो वापिस अपना सामान ले कर शहर को गाड़ी पकड़ने चला गया ।

बंधक रखी जमीनों को छुड़वा कर अशोक ने एक जिम्मेवार पोते और बेटे का फर्ज बखूबी निभाया था ।

शहर आना अब उसके लिए मजबूरी थी क्युकी गांव उतना विकसित नही था की वो अपना कोई रोजगार करे इसलिए उसके पास शहर ही पहला और आखिरी विकल्प था और शहर में उसकी नौकरी सरकारी तो नही पर पक्की थी क्युकी वो एक ईमानदार और स्वाभिमानी लड़का था और अपने मालिक खास था क्युकी उसने बहुत छोटे उम्र से अपने मालिक से काम सिख और काम सीखने के बाद उसने उसका साथ नही छोड़ा और वादा किया की सरदार जी आपके साथ रहूंगा जब तक आप रखेंगे चाहे वक्त अच्छा हो या बुरा आप तनख्वा कम भी देंगे फिर भी मैं आपके साथ काम करूंगा क्युकी अपने मुझे काम सिखाया तो आप गुरु है और गुरु को गुरु दक्षिणा दिए बिना कोई कामयाब नही होता ।

पंजाब की ट्रेन पकड़ के कर वो वापिस काम पर आ गया ।

शहर आए अशोक पर अब जिम्मेवारी थी एक अच्छे भाई की जिम्मेवारी निभाने की उसकी दो बहने थी । लड़को वालो को दहेज का सामान खरीदने की जिम्मेवारी अशोक के कंधो पर थी ।

पंजाब में जितने कर्मचारी उस फैक्ट्री में थे वो सब आपस में कमेटी डाला करते थे जिसका महीने पर किश्त होता था और जिसको जरूरत होती वो किश्त उठा कर अपना काम करता था फिर अपनी किश्त भरता था । इस तरह अशोक ने भी किश्त रखी और साल भर मेहनत करने में लग गया । साल भर मेहनत करने के बाद उसने अपनी कमिटी उठाई उस वक्त उसने मात्र 40 हजार की कमिटी उठाई थी । उस वक्त 40 हजार का मूल्य अच्छा था । वो 40 हजार और कुछ अपने पास जमा करके उसने करीब 60-70 हजार रखे थे ।

अब वो तैयार था एक भाई की जिम्मेवारी निभाने को जैसे बाकी जिम्मेवारी पूरी ईमानदारी से निभाई वैसे ही उसने इस जिम्मेवारी को निभाया ।

बहन की शादी

बहन की शादी के लिए अच्छा लड़का देखना और उनके सारे डिमांड को पूरा करने के लिए दिन रात मेहनत करने लगा उसके पास एक अच्छा बैकग्राउंड नही था पास था तो बस संघर्ष का साथ जिसने उसको हमेशा मजबूत बनाया । शादी का दिन नजदीक आया उस से पहले तब तक अशोक खुद फैक्ट्री में काम सिख के स्थिर हो गया था फिर उसने अपने भाईयो को भी वहां नौकरी पर लगवा दिया जिस वो लोगो ने काम करके पैसे जोड़े और अपनी बहन की शादी के लिए सारा सामान , दहेज का सामान , सजावट और अन्य सभी खर्चे पूरे किए बिना किसी से

कर्ज लिए और ये घर में पहली शादी थी जिसके लिए कोई जमीन नही बेची गई थी , अशोक का संघर्ष उस दिन जीता था । जिस वजह से वो गांव छोड़ा , अपने बचपन के दोस्त छोड़े और अपना भविष्य एक अंधेरे में डाल दिया जिस आत्मसम्मान के लिए उसने इतना बड़ा कदम उठाया उसने उस दिन उस सम्मान की अपनी धरती मां की रक्षा की उसने उस दिन उस चीज को रोका और उस दिन से अशोक के घर में कोई जमीन बेची नहीं गई ।

अशोक कहता था की वो जमीन दादा लोगो की निशानी है , सम्मान है अगर उसको बेचना मतलब अपना सर कटवा देना इसलिए जब उसको समझ आई उसने अपने समझ से वो फैसला लिया और अपना गांव छोड़ा अपना घर छोड़ा , निकला वो सफर पर बस अपनी मिट्टी के लिए और उसको बचाने के लिए उस दिन जीत थी अशोक की उसका संघर्ष , उसके फैसले सही हुए थे ।

एक बहन की शादी के बाद अब खुद की शादी और खुद के छोटी बहन की शादी की जिम्मेवारी भी थी कंधे पर संघर्ष करते करते अशोक की उम्र 30 साल हो गई थी । अब घर के लोग उसको शादी के लिए बोलने लगे थे , उनको डर था कि कही शहर रहते हुए किसी गलत संगत में कही और ना शादी कर ले ।डर को खत्म करने और अशोक के लिए कदम कदम मिला के चल सके कोई इसकी तलाश शुरू हो गई । एक लड़की ढूंढी गई , सब बातचीत पक्की करके लड़की की फोटो अशोक को दिखाई गई और अशोक की फोटो लड़की को दिखाई गई । दोनो एक दूसरे को पसंद करने लगे थे । उस वक्त मोबाइल फोन का जमाना नही था इसलिए चिट्ठी लिखना मुश्किल था की कही घर के लोगो को मिला तब कई तरह की बात बनेगी । अशोक के पिता जी ने झूठ बोला था की लड़का ज्यादा पढ़ा लिखा है और शहर अच्छी कंपनी में नौकरी करता है । लड़की वालो को जब ये झूठ का पता लगा उन लोगो ने रिश्ता तोड़

दिया । रिश्ता टूटने के बाद कई लोगो के घर रिश्ता गया सबकी डिमांड थी लड़का सरकारी नौकरी वाला होना चाहिए क्युकी अशोक कायस्थ जाति से संबंध रखता था उनके जाति में सब सरकारी नौकरी या फिर अच्छे जमीन के मालिक हुआ करते थे उस दौर में और जो नौकरी वाले थे वो अच्छी कंपनी में नौकरी करते थे । हालत खराब होने के कारण ना अशोक ने अपनी पढ़ाई पूरी की थी और ना ही उसके पास कोई नौकरी अच्छी थी । अशोक के पिता जी को इस बात की चिंता होने लगी की क्या होगा अब अगर शादी नही हुई तो कैसे क्या होगा ।

अशोक के पिता जी रुके नहीं वो बेहतर से बेहतर घर जाते और एक दिन वो कोर्ट में किसी काम से गए थे वहां एक मुख्तार थे वो अपनी बहन के लिए लड़का ढूंढ रहे थे तब उनके साथ वकील ने बोला की

शंकर - ये श्रीवास्तव जी है अपने लड़के के लिए लड़की देख रहे है आप बात करके देखिए अपनी बहन के लिए परिवार बहुत अच्छा है इनका और लड़का बाहर रहता है ।

महेश - अशोक के पिता जी को आवाज लगाते हुए , " चाचा जी चाचा जी सुनिए

अशोक के पिता जी - जी कहिए ," क्या हुआ ?

महेश - हम सुने की आप अपने लड़के के लिए लड़की ढूंढ रहे है ?

बात करते वकील साहब, मुख्तार साहेब और अशोक के पिता जी होटल में जा के बैठते है ।

अशोक के पिता जी - हां लड़की तो देख रहे है , बाबू पंजाब काम करता है। कोई लड़की हो तो बताइएगा ।

महेश - कितना पढ़े है बाबू और कौन सा काम करते है ?

अशोक के पिता जी - झूठ क्या बोले आपसे दसवां का परीक्षा दे कर गांव छोड़ के भाग गया था । घर का हालत और जमीन बेचने की मजबूरी के कारण उसको अपना बचपना छोड़ना पड़ा बहुत छोटी उम्र में उसने मुश्किलों से समान कर लिया। आपको तो पता ही है की हम लोग में कोई छोटा काम नही करता सब बड़ा काम करता है सब सरकारी नौकरी ही ढूंढते है ।आर्थिक स्थिति खराब हो जाने के कारण एक 15 साल का बच्चा अपना पढ़ाई नीच में छोड़ के भाग गया मैं कह सकता हूं की मेरे बेटे के पास आज भले सरकारी नौकरी नही है पर उसके पास जो है वो सरकारी नौकरी वालो के पास नही है । बे हिसाब हौंसला , लगन और मजबूती से मुश्किलों का सामान करने की ताकत छोटी ही उम्र में एक जिम्मेवार बेटा बनके उसने मुझे भी तकलीफ नही होने दी मैंने भी कभी ये सब नही सोचा था की कैसे इतना बड़ा परिवार को मैं पलूंगा पर वो छोटा सा बच्चा पूरा परिवार पाल लिया । एक सरकारी नौकरी वाला कर्मचारी अपनी नौकरी जाने के बाद किसी काम में जाने के लिए सोचेगा की मेरी बेज्जती होगी पर मेरा बेटा कभी नही डरेगा वो किसी भी काम को कर के अपने परिवार को पाल सकता है । वकील साहब वो कहावत है ना की "" कोई काम छोटा बड़ा नही होता " मेरे बेटे ने वो साबित किया है। आज उसके बराबर भी कोई नही है उसने अपनी कमाई से जमीन ही नही बचाई हम लोगो का आत्मसम्मान बचाया है । अपने बाप दादा परदादा की इज्जत को दुबारा खड़ा किया है आज नही तो कल उस से सिख के उसकी आने वाली पीढ़ी दुबारा वो सब बना देगी जो हम लोग आज खोए है ।

अशोक के पिता जी को बाते सुन के वकील साहब और मुख्तार साहब दोनो दंग थे । उन दोनो को ये तो यकीन था की लड़का आवारा या गलत संगत में नही है और अपने परिवार को हर हाल में संभाल के

रखेगा एक जिम्मेवार पति बनेगा ।

कुछ दिन बाद मुख्तार साहेब और वकील साहब ने अशोक के पिता जी से मिल के अपनी बहन और अशोक की शादी की बात की , अशोक के पिता खुश थे की इतना अच्छा घर का रिश्ता खुद चल के आया है वो भी सब जानते हुए ।

अशोक के पिता जी ने लड़की को देखा और अपने तरफ से हां कर दिया । फिर घर के बाकी लोगो ने देखा और सबको लड़की पसंद आई । लड़की के पिता नही थे बस मां थी पिता का कुछ साल पहले ही स्वर्गवास हो गया था घर में छोटी बेटी थी । मुख्तार साहेब ने अशोक के पिता जी से लेन देन की बात की ...

अशोक के पिता - देखिए आप अपनी बहन को जो देना चाहते है वो दीजिए । बाकी बाराती को किसी तरह की तकलीफ नही होनी चाहिए, और लड़के ले लिया साइकल और एक सोने की अंगुठी बनवा दीजिएगा ।

मुख्तार साहेब -ठीक है , कह कर सभी ने एक दूसरे को प्रणाम किया और शाम होने से पहले वापिस अपने गांव को चले गए ।

अशोक के पिता जी ने अशोक को एक पत्र लिखा वो लिखते है ।

बेटा अशोक

आशा करते है तुम ठीक होंगे

काफी दिन से मैं तुम्हारी शादी के लिए लड़की ढूंढ रहा था , मैं जहां जाता सबको सरकारी नौकरी और अच्छा नौकरी का लड़का चाहिए था । फिर एक रोज में जमीन की राशिद के लिए कोर्ट गया था वहां पर

वकील साहब थे। उन्होंने मुझ से तुम्हारे बारे में पूछा मैंने बताया । उनकी एक बहन है वो अपनी बहन के लिए लड़का देख रहे थे । जब मैंने तुम्हारे बारे में बताया तब वो लोग तुम्हारे संघर्ष से काफी प्रभावित हुए और कुछ दिन बाद घर आ कर तुम्हरे और अपनी बहन की शादी की बात करके गए है । हम लोग भी आज बात पक्की करके आए है । वहां उन्होंने अपनी बहन को सारा सामान देने , साइकल और एक सोने की अंगुठी के लिया माने है । मुझे , तुम्हारी मां और बाकी सबको लड़की पसंद है । लड़की घर के काम में भी माहिर है और उसको सिलाई , कढ़ाई जैसे काम भी आते है उसकी पढ़ाई BA तक हुई है उसकी पढ़ाई से तुमको फायदा मिलेगा जिस से तुमको एक मार्ग दर्शन के लिए साथी मिलेगा । तुम जल्दी छुट्टी ले कर आ जाओ फिर हम इस हिसाब से आगे की बात करते है ।

बाकी घर में सब ठीक है । खेत में पानी दे दिया गया है , फसल इस बार अच्छी होगी क्युकी बारिश भी ठीक हुई है ।

बेटा अपना ध्यान रखना

तुम्हारा पिता

कुछ दिनों बाद अशोक को चिट्ठी मिली उसने चिट्ठी पढ़ी और जवाब में लिख के भेजा।

प्रणाम पिता जी

यहां सब ठीक है आशा करता हूं की घर में आप मां और बाकी सब ठीक होंगे ।

मुझे आपकी चिट्ठी आज ही मिली ।

आप इतना भाग दौड़ कर थे है इस बीच आप अपना ध्यान रखिएगा और आप जब अपने हिसाब से देखे है तो आप बढ़िया ही देखेंगे । आप जिसको पसंद करेंगे हम कर लेंगे शादी ।

आप हमे बता दीजिएगा हम उस हिसाब से गांव आ जायेंगे ।

प्रणाम

आपका बेटा अशोक

रिश्ते की बात किए काफी दिन बीत गए थे लड़की वालो के तरफ से कोई जवाब नही आया था ,फिर एक दिन अशोक के पिता जी को इस बात को चिंता होने लगी की क्या बात हो गई जो अभी तक कुछ बताया नही उन लोगो ने , फिर एक दिन समय निकल के वो उनके कोर्ट पहुंचे ।

अशोक के पिता जी - क्या बात है आप कुछ बोले नही की क्या हुआ ?

मुख्तार - बात ऐसी है की पिता जी के स्वर्गवास के बाद कुछ बचा नही है और मैंने भी अभी बस ज्वाइन किया है इस से कोई कमाई खासा नही नही । अपनी बहन को जरूरत का सामान देने लायक भी हम लोग नही है ।

अशोक के पिता जी - जो उन लोगो के घर का हालत जानते थे ।

मुख्तार साहेब के पिता जी अमीन थे उन लोगो का खुद नदी किनारे बहुत जमीन था और ३ मंजिला बड़ा घर था। वो लोग भी राजा जैसे जीवन जीते थे और गांव में उन लोगो की इज्जत थी हर कोई मिशाल देता था । एक दिन गंगा जी अपने उफान पर थी और क्रोधित होने पर वो आस पास के घर खुद में बहा लेती थी । काफी पुराना घर था और

जब गंगा माता क्रोधित हुई थी तब उन्होने उनका घर अपने भीतर समा लिया और वो लोग बे घर हो कर दूसरे घर आ गए थे जिस कारण उन लोगो की आर्थिक स्थिति भी थोड़ी कमजोर थी पर जब तक उनके पिता जी जीवित थे तब तक उन लोगो को किसी तरह की परेशानी नहीं होती है ।

एक वक्त अपने घर के काफी अमीर लोग थे वो अपने गांव शहर के और जिस लड़की की शादी अशोक से होनी थी वो बिलकुल परी जैसी सुंदर थी । उसको कभी कोई काम नही करने दिया गया था अगर वो घर में चावल चुनती तो उसके पापा कहते की मेरी फूल जैसी बेटी के आंख खराब करोगे तुम लोग बहुत मानते थे वो अपनी बेटी को अगर वो जिंदा रहते तो आज शादी बड़े धूमधाम से करते ।

अशोक के पिता जी- सोचते सोचते उठ गए और बोले

महेश बाबू ,"आप शादी की तैयारी कीजिए शादी तो अब आपकी बहन से ही होगी लेन देन बाद में देखा जाएगा " मजाकिया अंदाज में आप बस साइकल दे दीजिएगा बाकी आप से जो होगा वो दीजिएगा नही तो कोई बात नही पर रिश्ता नही टूटेगा और हमे लड़की पसंद है तो अब आप शादी की तैयारी के लिए दिन उतारिए ।

शहर में अशोक अपनी संघर्ष की जिंदगी में अब कुछ ऊपर उठा था उसकी सेलरी बढ़ के 10,000 महीना हो गई थी। तनखवा बढ़ने से उसकी बचत भी अच्छी हो गई थी अब उसने कुछ पैसे अपने भविष्य के लिए जोड़ने भी शुरू कर दिए थे ।

अशोक का घर ऐसा घर था जहां लड़के की शादी के लिए भी जमीन बेच के शादी हुई थी । अशोक को इस बात का भी दुख था ।

इसलिए अपनी शादी से पहले उसने काफी पैसे जोड़ के रख लिए थे ताकि अच्छे से शादी हो जाए और जमीन ना बेचना पड़े क्युकी जिसने अपना आधा जीवन घर जमीन के रक्षा में लगा दी हो अगर वही दुबारा गलती दोहरा दे तो क्या शिक्षा मिलेगी ।

इसलिए उसने अपने शादी के लिए पैसे अपने बैंक में जोड़ के रखे थे ।

अशोक ने सरदार जी के पास जा के बोला की मुझे गांव जाना ।

सरदार - सब ठीक है गांव पर? ऐसे अचानक गांव जाना है ।

अशोक - हंजी सब ठीक है , घरवालों ने मेरे लिए लड़की देखी है तो इसलिए जाना है ।

सरदार - वाह अब तो पार्टी होगी , जा आराम नाल ते सोनी कुड़ी विवाह के लाई ।

सरदार ने गले लग के शाबाशी दी ।

सरदार से पैसे ले कर वो बाजार में समान खरीदने के लिए गया और सबके लिए कपड़े खरीद के गांव के लिए ट्रेन पकड़ लिया । गांव में पक्का घर नही था तो उसने अपने लिए एक पक्का घर बनवाया और छत के लिए उसने घास फूंस से ही छत बनवा दिया और पूरा घर किचन भी नया लकड़ी और घास फूंस से बनवा दिया ।

अशोक ने अपनी होने वाली पत्नी को कभी नही देखा था । एक दिन वो उसको देखने के लिए उसके घर चला गया रात के समय वो रात घर के बाहर इंतजार किया की वो दिखेगी और देखूंगा पर वो लड़की घर से बाहर नही आई ऐसे करते करते कही दिन निकल गए थे पर अशोक ने उसको नही देखा था फिर उन्होंने अपने बहन के पति से बात करके

उनको बोला की वो जहां सिलाई सीखने जाती है वहां हमे मिलवा दें ।

अशोक के बहनोई - उन्होंने जा के लड़की को बोला की चलिए होटल चाय पी के आते है कुछ बात भी करनी है आपसे ।

लड़की - जी माफ कीजिएगा पर मैंने भैया और मां से नही पूछा । मैं कल उन लोगो से पूछ के आऊंगी फिर आपके साथ चलूंगी ।

इतना सुनने के बाद वो वहां से चले आए ।

फिर अशोक ने उनकी बहन के देवर से बात की उनका देवर बोला की

आप चिंता मत कीजिए हम ले कर आयेंगे , हम जहां कहते है वो वहां जाती है ।

उसने अशोक को भड़काने के लिए बोला था की किसी तरह ये शादी टूट जाए ।

अशोक ने भी इतने साल बाहर रह के दुनिया और लोगो को पहचान कर ली थी उसको इंसान की परख करनी आ गई थी ।

अशोक - अगर आपकी बात इतनी ही मानती है तो ले कर आइए कमला टाकीज में फिल्म देखने के लिए ।

लड़की के बहन का देवर - हां हां आप निचिंत रहिए हम ले आयेंगे हम जहां बुलाते है वहां आती है वो फिल्म देखने क्यू नही आयेगी ।

अशोक - ठीक है फिर ले आइए , मिलते है शनिवार को कमला टाकीज में मिलते है ।

दोनो फिर अपने अपने रास्ते चल दिए ।

लड़की की बहन का देवर आ कर लड़की को कहता की चलिए आपको फिल्म दिखा के लाते है ।

लड़की - नही आप ही जाइए हमे इन सब का शौक नही है । ये फिल्म सब कौन देखेगा और अभी परीक्षा है हम आजतक तो कही गए नही अब क्या जायेंगे ।

बहन का देवर - आप समझ नही रही अगर आप नही चलेंगी तो हमारी बेज़्जती हो जायेगी उन लोगो के सामने , हम बोल के आए है की हम ले कर आयेंगे हमारी बात वो नही टलती कभी , अब हमारी इज्जत रख लीजिए ।

मां आप कहिए चलने के लिए नही तो बहुत बेज़्जती होगी हमारी

लड़की की मां - पहले तो आप ये बताइए की मेरी बेटी कब आपके कहने से कही गई है । बिना मेरी मर्जी के वो कोई काम नही की आप झूठ बोल के आए कल बिन बाप को बेटी है लोग क्या बोलेंगे की ऐसी लड़की कल अगर उसकी शादी टूटी तो कौन जिम्मेवार होगा इस चीज का ,आप जा के लड़के को कह दीजिए की बाबू आप घर आ के देख लीजिए ऐसे बाहर शादी से पहले हमारी बेटी नही जायेगी कही मिलने ।

अगले दिन लड़की के बहन का देवर जा के अशोक को बोला की माफ कीजिएगा वो नही आई और हमे बताना पड़ा वो लोग पूछने लगे की आज फिल्म देखने क्यू जाना है , हम बता दिए की अपने मिलने के बहाने से बुलाया था

अशोक - महाराज आप कैसे इंसान है वो लोग क्या सोचेंगे हमारे बारे में की लड़का कैसा है जो मिलने को बुला रहा है , हम तो बस देखना चाह रहे थे की जिस तरह फोटो में है क्या सच में वही है या कोई और शादी में बैठ जाए ।

देवर - मां जी ने आपको बुलाया है वो कही की बाबू को कह देना की घर
आ के देख जाए पर ऐसे हम अपनी बेटी को नही भेजेंगे ।

इतने में ये सारी बाते अशोक के पिता जी को पता लग गई ।

वो बोलने लगे की तुमको हम पर यकीन नही जो देखने जाना है
।लड़की कोहीनोर है उसमे कोई खराबी नही है ऐसे आवारा वाला हरकत
क्यू कर रहे हो वो लोग क्या कहेंगे इतनी मुश्किल से एक अच्छा घर
मिला है तुमको समझ नही आ रहा ।

उसके बाद अशोक ने कभी मिलने के बारे में नही सोचा बस फोटो देख
के खयालों में उसके बारे में सोचा करता था और लिखता था

आंखो को तेरी मैं जो लफ्जो के काजल में पिरोता हूं

अभी शायरी कर रहा हूं कल ग़ज़ल करूंगा

तेरे जुल्फो के बादल में एक रोज़ खो जाऊंगा

अभी कंधे पर सर है, कल गोद में सो जाऊंगा

तेरी बातों को गीत,तेरे होटों को

फूल गुलाब लिखता हूं

बालो को तेरे बदरी सावन की , हंसने को मैं मौसम बसंत लिखता हूं

मौसम सारे कर्जदार है तेरे एक झलक को

मैं तुझ को भगवान से मिला पहला तोहफा लिखता हूं

तू साथी बनके मेरे जीवन में आजा, मैं अपने जीवन का तुझ को मलीकियत हक लिखता हूं ....

शादी के सारे रस्म धीरे धीरे शुरू हो गए , सब रस्म बीतती गई और शादी का दिन नजदीक आ गया ।

हीरो जैसे दिखने वाला हमारा अशोक शादी के कोर्ट पेंट में बिल्कुल किसी राज्य का राजा लग रहा था । हर किसी की नजर उस पर ही टिकी थी हर कोई उसको ही देख रहा था और कह रहा था की लड़का बहुत सुंदर है बिलकुल राजकुमार लग रहा है ।

पंडित जी ने अपने मंत्र शुरू किए और वधू को बुलाने को बोला

लड़की के आने पर अशोक के दिल की धड़कने बढ़ गई थी क्युकी ये उसके जीवन का सबसे अलग दिन था । वधु को आता देख कर लोगो की नजर बस उन दोनो को देख रही थी हर कोई कह रहा था की दोनो राजा रानी जैसे लग रहे है ।दोनो बहुत खूबसूरत लग रहे थे जैसे सच में ऊपर से भगवान विष्णु और मां लक्ष्मी आ कर बैठ गई हो ।

पंडित जी ने अपने मंत्र शुरू किए और सिंदुरदान और फेरे करवा के 7 वचन दिलाए सभी वचनों को मानने के किए दोनो ने हामी भरा ।

शादी पूरी होने के बाद अशोक अपनी दुल्हन को ले कर अपने घर आया ।

घर कच्चा था , शुरू से बड़े घर में आराम की जिंदगी जीने वाली लड़की के लिए कच्चे घर में रहने को मिला , अशोक ने बोला ।

अशोक - मैने अपने जीवन में बहुत संघर्ष देखा है और उन सबसे मैने अकेले ही लड़ा है । तुम्हारी जो ख्वाहिश होगी तुम बता देना मैं अपनी

सारी कोशिश करूंगा उसको पूरा करने की और तुमको खुश रखूंगा ।

मुझे बदले में तुम्हारा साथ और प्यार चाहिए हर कदम मेरे साथ रहोगी ना

देखो मैं अकेला मुसाफिर हूं

तुम साथ चलोगी क्या ?

मैंने त्याग दिए है सब सपने अकेले अब दुनिया देखने के

तुम हाथ पकड़ के हर डगर पर चलोगी क्या ?

बदलते है रिश्ते और लोग भी बदल जाते है , तुम शुरू से आखिर तक मुश्किल हालात में हाथ थामे रहोगी क्या ?

जिंदगी में शुरू से बस संघर्ष ही संघर्ष है

तुम मेरा हमदर्द बनोगी क्या

मैंने आज तक अकेले भिड़े है सब मुश्किलों से

अब तुम मेरी शक्ति बनोगी क्या ?

पत्नी - हां , दोनो एक दूसरे के गले लग जाते है ।

शादी के कुछ दिन हुए थे की अशोक को वापिस शहर जाना था । इसलिए उसने मां के हाथ पर पैसे रख के कहे की किसी चीज की तकलीफ मत देना , इसके पिता नही है तो कभी ऐसा ना लगे की ये किसी अनजान घर है । ध्यान रखना इसके जरूरत का ख्याल रखना ये कुछ पैसे है ।

पैसे दे कर अपनी गांव की देवी की पूजा करके अशोक वापिस चला गया पंजाब अपने किस्मत से लड़ने और बेहतर कल और नई जिम्मेवारी के साथ अब उसके सर जिम्मेवारी थी छोटी बहन , अपनी पत्नी और घर की , छोटी उम्र में घर छोड़ा तो घर का मुखिया जैसा उसके फैसले सब सुनते थे । कुछ समय में उसके बड़े भाई लोग भी कमाने लगे थे फिर उन लोगो ने अशोक को अपने साथ रखा था वो बड़ा भाई पिता समान होता है इसलिए उनको खर्चा भी देता और उनकी लड़कियो को मानता भी था ।

शादी के बाद अशोक का गांव आना हर 2-3 महीने पर लगा रहता था क्युकी नई शादी थी । इस बीच वो काफी चिट्ठी लिखता जिसमे वो अपने मन की भावनाओ को लिखता था ।

प्रिय

मैं जानता हूं तुम ठीक होगी और तुमको किसी प्रकार की तकलीफ नही होगी । मैंने मां से बोल के आया था की तुम्हारा ख्याल रखे और तुमको किसी चीज की तकलीफ ना दी जाए ,

आगे की बात में उसने अपनी मां के लिए लिखा था की मैंने कुछ पैसे भेजे है जिस से आप घर के जरूरत के समान ला के दे देना साबुन , सर्फ और उसके लिए साड़ी ले आना बाकी अपनी दवाई मंगवा लेना ,उसका ध्यान रखना अपनी बेटी जैसे उसको समझना उसको किसी चीज की तकलीफ ना हो ।

जैसे जैसे साल बिता फिर अशोक ने 1 साल बाद अपनी पत्नी को अपने साथ पंजाब ले आया की वो उसके साथ रहेगी तो वो उसको अच्छे से देख भाल कर पाएगा ।शादी के बाद जब वो अपनी पत्नी के साथ पहली बार शहर आया तब घर में ना सोने के लिए बिस्तर ना कोई खाने के

लिए राशन का समान था , क्युकी अशोक ज्यादातर खाना खाता नही था और कभी कभी होटल पर खाता था । दिन भर काम करके शरीर थक जाता था इसलिए सुबह उठा के खाना बनाना बहुत मुश्किल था ।

जब पत्नी ने पूछा की

पत्नी :- कैसे रहते थे आप यहां ? इसलिए बीमार होते थे आप ।

अशोक :- बोला तुमको क्या लगा था की बहुत अच्छी जिंदगी है । यही जिंदगी है जिसको काफी सालो से जी रहा हूं कभी चीनी पानी कभी नमक रोटी तो कभी बस बिस्कुट खा के दिन गुजर जाता है। बहुत छोटी उम्र में घर छोड़ा था , घर के लोगो को बस ये पता है की बेटा शहर रहता है पर जो तकलीफ मैं देखता हूं उसका भनक भी नही उनको मैने इसलिए नही बताया की कही वो लोग मुझे वापिस ना बुला ले , इसलिए मैं रोजाना इस कड़वे सच का घूंट पिता हूं , मैने जो दिन देखे है तुमको वो नही दिखाऊंगा तुम चिंता ना करो मैं शाम तक सब वेवस्था करता हूं ।

अशोक की बाते सुन के उसकी पत्नी के आंखो में अंशु आ गया

फिर अशोक ने बोला

अशोक :- पागल तुम क्यों रोती हो , मैने जो दिन देखे है वो तुमको कभी नही देखने दूंगा , तुम बस साथ निभाना मैं सब ठीक कर दूंगा

अपनी पत्नी को गले लगा के उसने चुप करवाया

फिर बर्तन की दुकान पर पहुंच के जरूरत के बर्तन , चूल्हा और घर का राशन ले कर आया ।

सारा सामान आने तक अशोक की पत्नी ने पूरा घर साफ कर दिया था ।

फिर समान आने के बाद उसने खाना बनाया दोनो खाना खा के जमीन पर सो गए और बोलने लगे की बस अगले महीने तक फिर चौकी ले आऊंगा ।

घर में सब्जी लाते और समान लाने से घर में बहुत सारे लिफाफे घर में इक्कठा हो गए थे । उसकी पत्नी ने लिफाफो जिसको आज हम सब इंडिया में बैन कर रहे और फेंक रहे है उसकी पत्नी ने उन लिफाफों को जोड़ जोड़ के उसको बुन कर बिस्तर बनाया अपना वो जिसके घर पर पलंग और गद्दों की कमी नहीं थी ।

उसने उसके कदम से कदम मिलाया और चलती गई । संघर्ष है संघर्ष उम्र मांगता है । जिसको ऐसा साथी मिल जाए जो संघर्ष में कदम कदम साथ मिला के चले वो व्यक्ति का जीवन का आधा संघर्ष ऐसे ही पूरा हो जाता है ।

कहते है की ," जेब से खाली मर्द अपनी बीवी की वफाई को जेब में रख के बोलता है की मैं दुनिया का सबसे अमीर आदमी हूं ।"

लिफाफे के बिस्तर को देख के वो दोनो बहुत खुश थे की एक अच्छी चीज बनी है और सही इस्तेमाल हुआ हैं । फिर महीना आया और घर में चौंकी , बिस्तर के लिए गद्दे और चादर भी ले आया , धीरे धीरे घर में जरूरत के सारे सामान इक्कठा हो गए अब घर में किसी चीज की कमी नही थी ।

दिन बीते महीने बीते देखते देखते शादी के 2-3 साल बीत गए।धीरे धीरे शादी के २ साल बीत गए । शादी के दो साल बाद कोई संतान ना होने के कारण अशोक की पत्नी को उसके बहन ताना देने लगी

बहन - भाभी अगर साल भर में कोई बाबू नही हुआ तो भैया की दूसरी शादी करवा देंगे ।

अशोक की पत्नी :- बबनी, करवा दीजिएगा (गुस्से में और तानो से परेशान हो कर)

अशोक की पत्नी माता रानी की बहुत बड़ी भक्त थी , उसने माता रानी से सदेव अपनी बात रखी थी और माता ने सुना था ।

फिर एक दिन उनको पता लगा की वो मां बनने वाली है , अशोक ने उसको इस समय घर पर भेज दिया क्युकी पहला बच्चा था वो अपने पास रखता तो उसके तकलीफों के कारण उसको भी तकलीफ होती और ऐसे में उसको चिंता में नही रख सकता था इसलिए उसने अपनी पत्नी को गांव भेज दिया। जब महीना आखरी था तब अशोक के गांव से हॉस्पिटल बहुत दूर था इसलिए उसकी पत्नी के भाई ने अपनी बहन को ले कर अपने घर आ गए वो अपने मायके चली गई जहां उसका देख रेख उसकी मां और भाभी ,बहन सब करती थी । महीना पूरा होने पर हॉस्पिटल ले कर गए , यहां पर अशोक की पत्नी ने एक लड़के को जन्म दिया ।अनेकों मन्नतो कई सारे भगवान के मंदिरो मे माथा पटकने से बाद अशोक के घर एक लड़के का जन्म हुआ , उसी वक्त अशोक के गांव से एक आदमी उसी हस्पताल में अपनी दवाई लेने गया था जब उसने देखा की ये अशोक के घर के लोग थे तब वो रुक गया की खुशखबरी ले कर ही गांव जायेंगे । जब उसने सुना की लड़का हुआ है तब वो खुशी खुशी गांव गया और चिलाने लगा

न्नकू काका - लाला जी बाहर आई , अरे मिठाई बांटी , घर वंश आइल बा , घर के वारिश पैदा भईल बा

अशोक के पिता - अरे साफ साफ कह क्या हुआ

न्नकु - अरे अशोक बाबू के दुलहीन के लड़का भईल बा रउरा पोता भईल बा पोता

अशोक के पिता जी खुशी से नाचने लगे और सबको बोलने लगे थे की मेरा पोता हुआ है ,खुशी से वो हंस रहे थे और घर में सब खुश थे।

घर में लड़के की खुशी इसलिए भी ज्यादा थी क्युकी घर में 6 लड़कियो के बाद घर को आगे ले जाने वाला वारिश पैदा हुआ था । गांव पर उस वक्त अशोक के घर गाय रखी हुई थी गाय का दूध बहुत ज्यादा होता था । अशोक के पिता जी ने सारे गाय के दूध का खोआं बना के पूरे गांव में बंटवाया शायद ही इतना खुश वो कभी थी । लड़के के आने के बाद घर में अलग ही खुशी की लहर थी सब कोई खुश था ।

टेलीफोन करके अशोक को बताया गया , अशोक की खुशी का ठिकाना नहीं था ,वो खुशी से झुमने लगा था उसने मिठाई की दुकान से लड्डू ले कर पूरे फैक्ट्री में बंटवाया और छुट्टी ले कर वो वापिस गांव आया । लड़के के आने से सब कोई खुश था , इसी में अशोक के दोनो भाई छोटे और बड़े उन दोनो की पत्निया भी पेट से थी ।

इतने सालो के बाद लड़का पा कर उसके दादा बहुत खुश थे ।

अशोक के पिता जी बड़े स्वाभिमानी व्यक्ति थे और उन्होंने कभी एक कपड़े में छेद हुआ कपड़ा नही पहना था हालत बिगड़ी पर उन्होंने अपने रहने का तरीका नही बदला था और एक दाग लगने पर वो बहुत गुस्सा होते थे अपने पोते को गोद में ले कर बहुत खुश थे वो इतना की उसको ले कर सोते थे वो अगर पिसाब , पोटी भी कर दे तब भी गुस्सा नही करते ,और ना धोने के लिए कहते उल्टा घर के लोग कहते की कपड़ा महक रहा है साफ कर लीजिए ।

पोता के प्यार में इतना डूब गए थे की उन्होंने उसके साथ फोटो करवाई थी।

2-3 महीने के अंतराल में दो और लड़के हुए उनकी दोनो बहु को , पर दादा का प्यार जितना अशोक के बेटे को मिला उतना बाकी पोतो को नही दे पा रहे थे जिस कारण उनके घर के लोग में कुछ लोग अशोक के बेटे से जलन करने लगे की इसके वजह से हमारे बेटे को प्यार नही मिल रहा , जिस कारण वो लोग हमेशा पक्षपात करने लगे सर चीज में अशोक के बेटे में कमियां निकलने लगे ।

अशोक के बेटे के बाद उसकी छोटी बहन की शादी भी तय हो गई एक बढ़िया घर में लड़का वकील था ।

अशोक की छोटी बहन ने अपने भाई के बेटे को बड़े प्यार से पाला था । जब उसकी पत्नी की तबियत खराब थी वो अपने सीने से लगा के रखती थी , और एक एक मिनट का खयाल रखती थी उसके खाने का , नहाने का , मालिश का अशोक का बेटा अपनी छोटी बुआ का सबसे दुलारा और दिल का टुकड़ा था घर में सब उस से प्यार करते थे सिवाए कुछ लोगो को की इसको इतना लाड़ प्यार दिया जा रहा है हमारे बच्चे को कोई नही पूछ रहा ।

धीरे धीरे समय बिता अशोक के छोटी बहन की शादी का दिन आ गया।

6 भाई बहन में आखरी में बहन थी जिसकी अब शादी हो गई इसके बाद अशोक अपने पोते , बेटे और भाई के कर्तव्य को पूरी ईमानदारी से निभाया और जिस तरह कल के बेहतर के लिए उसने अपना बचपन छोड़ा था वो फैसला सही साबित हुआ था ।

अशोक के सामने अब बस दो मुख्य कर्तव्य थे जिसके लिए उसको संघर्ष करना था एक अच्छे पति और एक अच्छे पिता के जिम्मेवारी

को निभाना । जैसे उसने संघर्ष करके अपने पोते , बेटे , भाई का कर्तव्य को निभाया वो बहुत हिम्मत का काम था ।

संघर्ष के युद्ध में लड़ रहे हमारे योद्धा के सामने था एक और युद्ध , हमारा योद्धा फिर तैयार था अपने भविष्य के सृजन और बेहतर कल के लिए उसने फिर से अपने हौंसले की बेल्ट को बांधा और कूद पड़ा संघर्ष के मैदान में फिर से जितने ।

बच्चे का जन्म शिक्षा और काबिल बनाने का संघर्ष :-

अशोक के लड़के की उम्र 1 साल की हो गई उसका बेटा 1 साल का हुआ उसने उसका पहला बर्थडे मनाया इतनी धूम धाम से उसने उस दिन दिल खोल के दारू पी थी और रिलेक्स हो गया था ।

कुछ सालो के बाद उसको एक लड़की हुई उसके लिए वो वैष्णो माता के दरबार जा के मन्नत मांग के आया था की एक बेटा दे दिया अब एक बेटी दे दो।माता ने सुन लिया और एक बेटी दे दी ।

धीरे धीरे लड़का बड़ा हुआ उसकी उम्र स्कूल जाने की हो गई थी ।

उसका दाखिला करवाया गया नर्सरी में , उसके साथ उसके बड़े भाई के लड़के का भी दाखिला हुआ दोनो साथ में पढ़ने जाया करते थे ।

स्कूल में पेरेंट्स मीटिंग के दिन अशोक की पत्नी ही जाया करती थी । उसका लड़का पढ़ने में अच्छा था वो क्लास में 1,2,3,4 तक की पोजिशन लता था ।

वो क्लास 1st में जब हुआ तब उसके लिए वर्दी और किताबे सब नई खरीद के लाया और बोला की इस बार फर्स्ट आना हैं ।

क्लास खत्म हुआ रिजल्ट के दिन अशोक अपने बेटे को साथ ले कर गया , क्लास में जाने पर मैडम ने तारीफ किया बोला

मैडम :- आप इसके पिता है ?

अशोक :- जी , मैं इसका पिता हूं । इसने कुछ गलती की क्या ?

मैडम :- अरे नही । इसकी लिखावट बहुत सुंदर है । मैडम लड़के को देखते हुए ऐसे ही लिखना ।

मैडम ने रिपोर्ट कार्ड दिया बोला

मैडम :- आपका बेटा क्लास में फर्स्ट आया है । सबसे ज्यादा नंबर है इसके ।

अशोक :- खुशी में बेटे को गले लगाते हुए अपने गोद में उठा लेता है और उसकी ट्रॉफी ले कर बहुत खुश होता है ।

वो जाने लगता है फिर मैडम कहती है की इसके दो मैडल भी है इसको लेते जाइए ।

अशोक जा के मेडल लेता है जिसमे से इसको एक अच्छी यूनिफॉर्म और लिखावट के लिए एक कुल दो मैडल एक ट्रॉफी देख के वो बहुत खुश था और उसने बेटे को शाबाश बोला था ।

अशोक ने अपनें बेटे को साइकल पर बैठाया और रास्ते में उस से बात करते करते घर आ गया।

अशोक :- देखो अगर सही से पढ़ोगे तो एक दिन अच्छा काम करोगे नही तो मुझे देख रहे हो ना कैसा काम कर रहा हूं । ऐसा काम नही करना है तुमको , तुम्हे बहुत आगे जाना है , जितना है आगे से घमंड में मत आ जाना की फर्स्ट आया हूं और मेहनत करना क्युकी जैसे जैसे आगे बढ़ोगे और मुश्किल हो जायेगा सब इसलिए फालतू टीवी नही देखना बस पढ़ाई करो और एक दिन बड़ा आदमी बनो ।

अशोक का लड़का चुप चाप पापा की बात में हां मिला रहा था।

उसका बेटा हिंदी मीडियम में था तो उसको एक दो तीन पूरी सौ तक आती थी सीधी उलटी जैसे मर्जी , पर अशोक उसकी क्लास लगा रहा था

अशोक :- वन टू थ्री सुनाओ

अशोक का लड़का :- वन टू थ्री.......

उसको उसके आगे नही आता था क्युकी उसकी क्लास में एक दो पढ़ाया जाता था ,अशोक को लगा के ये पढ़ाई पर ध्यान नहीं दे रहा तो उसको एक दो थप्पड़ मार दिया वो रोते हुए बोला की हिंदी मीडियम में हिंदी की गिनती पढ़ाते है इंग्लिश वाली नही । फिर अशोक बोला अपनी पत्नी को की कल इसका दाखिला इंग्लिश मीडियम में करवा के आओ ।

जब वो इंग्लिश मीडियम में करवाने गए । तब अशोक की भाभी ने बोला

भाभी :- मैं अपने बेटे को तुम्हारे बेटे से दूर करती हूं तुम लोग बार बार आ जाते हो । मेरे बेटे को देखा देखी तुम लोग इंग्लिश मीडियम में नाम करवा रहे हो ।

अशोक की पत्नी :- दीदी , आपके बेटे को मेरा बेटा कौनसा कुछ कह रहा है दोनो साथ रहेंगे तो दोनो को आसानी होगा कोई कुछ बोला तो दोनो भाई साथ में खड़े होंगे एक दूसरे के लिए।

भाभी :- नही, अगर ऐसा है तो मेरा बेटा नही पढ़ेगा तुम लोग ही पढ़ाओ।

अशोक :- गुस्से में , मेरा बेटा हिंदी मीडियम में भी पढ़ेगा , उसके नसीब में होगा तो वो उस से ही आगे बढ़ जायेगा वैसे भी वो मेरा बेटा है मुसीबत की आंखों में आंखे देख के लड़ेगा । जाओ आप करवाओ अपने बेटे का एडमिशन इंग्लिश मीडियम में ।

फिर अशोक ने अपने बेटे को हिंदी मीडियम में रखा और उसके लिए किताबे ले आया । उसका लड़का छोटे से ही सब देख रहा और समझ रहा था। कुछ ३ दिन के अंदर वन टू थ्री याद करके अपने पापा को सुना दिया । इन सबके बीच अशोक को अपना पुरानी मन्नत जो उसने अपने गांव की देवी से मांगा था की मेरा परिवार का आर्थिक स्थिति सुधर जायेगी दोनो बहनों की शादी अच्छे से हो जायेगी तो आपका पूजा करवाऊंगा । अशोक ने अपने मन्नत को पूरा करवाने के लिए अखंड पूजा करवाई ये पूजा ३ दिन चली इस बीच माता प्रशन हो कर एक महिला के देह पर आई और बोली की मैं बहुत खुश हूं । बेटा तू और आगे बढ़ेगा और एक दिन तेरा नाम होगा । सबने हाथ जोड़ा प्रणाम किया माता को और माता चली गई ।

घर का काम खत्म करके वो दुबारा पंजाब आ गए क्युकी पहले पंजाब घर के हालात के कारण थे और अब बच्चो के भविष्य के लिए आना था । इस बार पंजाब सिर्फ अशोक और उसका लड़का आए थे , क्युकी अशोक अपने लड़के को हमेशा अपने साथ रखता था क्युकी एक बार उसने उसको गांव में रख के देखा था जब वो छोटा था , शहर की अच्छी

पढ़ाई के बाद जब उसको गांव में खराब लड़को को संगत मिली उसका लड़का भी बिगड़ गया था , वो दिन अपने अशोक के खेलने से मना करने पर उसको पत्थर उठा के मरने को तैयार हो गया , ये देख के अशोक ने तय किया की ये ज्यादा समय गांव में नही रहेगा , सारी पढ़ाई यही होगी भले मेरे साथ अकेला तो बहुत छोटे उम्र में वो अपने पापा के साथ अकेले रहता था । अशोक सुबह दोपहर शाम का खाना भी बनांता , उसको उठा के तैयार करवाता है , स्कूल छोड़ के आता साइकल से और 1 रुपए चीज खाने को देता , वो 2nd class में था की जब वो अपने पापा के साथ अकेले शहर रह रहा था उस बीच बच्चो के बीच में वीडियो गेम का बहुत चलन था , क्लास के सारे बच्चे सिक्के खरीद के takken 3 खेलते थे , अशोक के बेटे ने भी सुना और चला गया खेलने , स्कूल की छूटी 1 बजे होती थी उस दिन 3बजने को आ गए वो अब तक घर नहीं आया था। अशोक ढूंढते स्कूल में पूछते पूछते गेम वाली दुकान पर पहुंचा , वहां उसका बेटा गेम खेल रहा था । पापा को आता देख वो सिक्के फेंक के आ के चुप चाप साइकल पर बैठ गया की पापा डांटेंगे । अशोक ने पूछा

अशोक - जीता की हारा ?

लड़का - नही कुछ , अभी खेलने जा रहा था ।

अशोक - इसलिए पढ़ा रहा हूं ? की तू आवारा लड़को के साथ ये सब फालतू का खेल खेले ?

लड़का - अब नही करूंगा पापा , वादा ।

उस दिन के बाद गेम खेलना तो दूर अशोक का लड़का उस दुकान पर कभी नही गया ।

एक दिन फैक्ट्री में नई मशीन आई थी अशोक उस मशीन पर काम कर रहा था , वो मशीन का जो ऑपरेटर था उसने मशीन चलती रखी अशोक जा के बाइक का किक उस मशीन के कटिंग प्वाइंट पर रखा उसको उस मशीन का अंदाजा नही था उसने कुछ आइटीम्स सही निकले पर एक बार गलती से मशीन का क्लच दब गया और मशीन में उसकी उंगली कट गई । उंगली कटने का उसको पता नही लगा वो अभी भी पीस लगा के कटिंग कर रहा था , उसको लगा की बस हल्का सा खरोच होगी , फिर साथ के बंदे ने बोला की

अशोक तुम्हारी उंगली से खून आ रहा है । जब उसने देखा तो उसने देखा की उसकी सीधे हाथ की पहली उंगली कट गई थी , तुरंत सरदार को फोन करके बुलाया गया , वो उसको ले जा के हॉस्पिटल ले गया तब तक वो बेहोश हो चुका था । जल्दी हॉस्पिटल ले कर जाया गया । वहां पट्टी और दवाई करवा के जब आए तब , उसकी उंगली कटी होने के बाद वो हल्की सी हंसी के साथ कह रहा की कुछ नही हुआ बस हल्का सा खरोच लगा है । उसकी पत्नी उसको देख रोने लगी , अशोक को चक्कर आ रहे थे किसी तरह उसको लेटाया गया । ठंडा तेल रखा ।

सारी ज़िंदगी कठिनाई में ही बीती थी और अब उंगली कट गई थी वो परेशान था की मेरे बच्चो को कौन देखेगा ।

पिता को ये हालत देख के अशोक के बेटे को अब अपने पापा के आत्मसम्मान की बात सताने लगी उस दिन के बाद उसका क्लास में पहला स्थान पक्का हो गया ये शिलशिला दसवी तक चलता रहा । अशोक ने अपने बेटे को अच्छी शिक्षा और संस्कार दिए थे उसके भविष्य के लिए अपने दोस्त के मेडिकल पर रखवा दिया की खाली टाइम में कुछ दवाई का जान जायेंगे और आगे चल के पढ़ाई करके कुछ बन जाए । जैसे जैसे लड़का बड़ा होता उसके दोस्तो को पास साइकल और बाकी चीजे देख के वो भी चाहता उसके पास हो , तो

अशोक ने बोला की अगर 5 th class अच्छे नंबर से पास कर गया तो तुझे साइकल दूंगा ।

उस समय उसने 5th class में सबसे ज्यादा नंबर लाए थे । वो वादे के हिसाब से अशोक ने उसको साइकल ला कर दी । साइकल पा के बहुत खुश था वो उसकी घंटी से पूरा गली गूंज रही थी ।

एक दिन अशोक अपने बेटे के साथ बाजार गया था , उनकी रोड पर करना था । अशोक अपने बेटे को रोड पर करने का तरीका बता रहा था की कैसे दाए और बाय देख के सड़क पर करते है ।

अशोक का लड़का दाए बांए देखा और भाग के सड़क पार करने लगा

अशोक ने उसका हाथ पकड़ा था और पीछे खींच लिया ।

और बोला की देखी जिंदगी और सड़क पार करना एक जैसा होता है। जल्दीबाजी में कुछ भी करोगे तो पछताना पड़ेगा ।

जिंदगी में और सड़क पार में दो रास्ते रास्ते होते है एक 6 कोस का एक 12 कोस का । 6 कोस का रास्ता हमे आसान लगेगा पर उस रास्ते में जाते वक्त नही पता की हम सही से मंजिल पर जायेंगे या नही

पर 12 कोस का रास्ता पूरी गरेंटी लेता है की आप कामयाब होगी । इसलिए जिंदगी में हमेशा लंबा रास्ता देखना , थोड़ा समय लगेगा पर सही सलामत अपनी मंजिल तक पहुंच जाओगे ।

जैसे जैसे बच्चे बड़े हो रहे थे तब

इन सब के बीच अशोक ने बहुत से फंड्स में पैसे डाल के अपने भविष्य के लिए पैसे बचा लिए थे जिस से आगे अपने बच्चो की शादी कर सके

जैसे जैसे अशोक के बच्चे बड़े हुए अशोक के लिए संघर्ष और ज्यादा हो गया था क्युकी ये संघर्ष था जो उसके संघर्ष से उसके बच्चो के भविष्य को संवारने का रास्ता था ।

खुद कठिन जीवन और संघर्ष देखने के बाद अशोक पर जिम्मेवारी थी की वो अपने आने वाली पीढ़ी को एक मजबूत कल दे सके , ताकि कल उसकी पीढ़ी अपने नर्म कोमल हाथों में गेहूं काटने का हथियार ना पकड़ सके , जिस तरह अशोक ने 100 kg का भार उठाया अपने समर्थ से बाहर का काम किया और कई बार बिना खाए रहा कठिन से कठिन परिस्थिति में अटल रहा मजबूत रहा उसके सामने अब एक नया जीवन और नई जिम्मेवारी थी ।

अशोक ने अपने बेटे को खेल कूद से दूर रखा की पढ़ो पढ़ के कुछ बनो , इसलिए जब वो 3rd class में था तब उसको मेडिकल शॉप पर लगा दिया जिस उसके लड़के ने वहां दवाई के बारे में बहुत सारी जानकारी प्राप्त कर लिए , धीरे धीरे सब कुछ ठीक ढंग से चल रहा था । अशोक के लड़के ने दसवीं में अच्छे नंबरों से पास कर लिया। उसने दसवी कक्षा तक कभी कोई ट्यूशन नही किया ना कोई एक्स्ट्रा क्लास अपनी खुद की पढ़ाई और स्कूल की पढ़ाई से उसने पास किया था । अशोक खुश था उसने अपने बेटे के मुंह पर तो तारीफ नही की पर अपनी पत्नी को बोल रहा था की अच्छा नंबर से पास किया है मेरा बेटा बहुत खुश हूं जल्द से कुछ बन जाए फिर मैं भी थोड़ा नीचिंत हो सकू । उसकी पूरी शिक्षा हिंदी मीडियम में बीती थी अब दसवी के बाद उसने साइंस में जाने का फैसला लिया क्युकी वो बचपन से मेडिकल शॉप पर था । 11th क्लास में सारा कुछ इंग्लिश में देख के उसके बेटे के होश उड़ गए थे और उसको बहुत दिक्कत हो रही थी पढ़ने में क्युकी उसने कभी इंग्लिश में इतना कुछ नही पढ़ा था , फिर जिस कारण 11th में उसके

अध्यापकों ने फेल कर दिया था , पहली बार उसका लड़का फेल हुआ था पर वो अपने टीचर को बोला की सर मेरे answer शीट्स दिखा दो की कहां गलती है मेरी काफी रिक्वेस्ट के बाद वो लोग बोले दुबारा एग्जाम लेंगे , अगर पास हो गए फिर प्रमोट कर दिए जाओगे ।

रिजल्ट ले कर साइकल से घर आते हुए , अशोक ने अपने बेटे को उदास देखा और बोला की क्या हुआ ?

उदास क्यू है ?

फैल हो गया इस लिए मुंह लटकाए हुए है ?

देख बेटा , मैंने अपनी जिंदगी में बहुत कुछ देखा है , जीतना रोना था मैंने रो लिया है , जितना हारना था मैं हार चुका हूं , तू बस जितने पर ध्यान दे ।

अशोक का लड़का :- मुझे शुरू से अगर इंग्लिश मीडियम में रखा होता तो आज ये सब नही होता मैं अच्छे नंबर से पास होता , रोते हुए

अशोक :- रो मत , तूने मुझे कभी रोते हुए देखा है ? मैं तो कितना कुछ करता हूं , तुमको देखता हूं , घर का काम करता हूं फैक्ट्री में इतना मेहनत करता हूं , फिर घर का राशन सारा काम करता हूं। मुझे कभी रोते देखा है ? मर्द बनो , जिंदगी अगर ऐसे छोटी छोटी हार पर रोते रहोगे तो बड़ी चुनौती में कभी जीत नही पाओगे ।

उन्होंने बोला ना दुबारा एग्जाम दो और आगे बढ़ जाना , सरदार जी ने तेरे लिए बात किया है , 12th में अच्छे नंबर लाना सब ठीक कर देना , चाहे ट्यूशन कर लेना इस बार जो पैसे लगेंगे ले जाना ।

अशोक का लड़का घर के हालात को बखूबी समझता था , इसलिए उसने कभी किसी चीज की जिद्द नही की थी ।उसके साथ के लड़के टूर पर या कही घूमने जाते , खेलते रहते , आवारागर्दी करते थे पर वो घर से स्कूल और स्कूल से घर फिर ट्यूशन जाता था ।

अशोक - बेटे को समझा रहा था की बहुत लोगो ने हंसा है सबका जवाब देना है । आगे से रोना मत रोएगा तो कमजोर बनेगा । मजबूती से लड़ , क्या हुआ फेल ही हुआ है , कोई बात नही अगली बार अच्छे से तैयारी करना अच्छे नंबर ले आना ।

अशोक का बेटा सब सुन कर सोचने लगा था की पापा सच में कितना काम करते है ,उन्होंने कभी शिकायत नहीं की , मैं इतना कमजोर कैसे हो सकता हूं ,बात करते करते घर आ गया ।

घर आते ही अशोक फैक्ट्री में काम करने चला गया था । पुराना फैक्ट्री वर्कर होने के कारण उसको फैक्ट्री ने अंदर ही कमरा दिया था । उस फैक्ट्री में काम करते करते अशोक को 32 साल हो गए थे वो अपने वादे पर टिका हुआ था ।

फैक्ट्री मालिक अशोक के संघर्ष से वाकिफ था क्युकी उसने उसको शुरू से देखा था , उसने अशोक के लड़के को बुलाया ।

अशोक ने बताया था की रास्ते में उदास था रो रहा था ।

अशोक के बच्चो का बचपन फैक्ट्री में ही बीता था तो उसने उनको शुरू से बड़े होते देखा था । जिस कारण वो मानता भी था की जीतन अशोक ने मेहनत किया है उसके बच्चे उसको पूरा आराम देंगे ।

सरदार जी ने अशोक के लड़के को बुलाया

सरदार जी - क्या हुआ बेटा , उदास क्यू है ? तू पास है , पर अगली बार नंबर ले कर आने है बढ़िया , शुरू से फर्स्ट आने पर अशोक का लड़का सरदार जी के पैर छूता था जा के की फर्स्ट आया हूं । सरदार उसके नंबर देख के बहुत खुश होते थे की पुरेपुरे नंबर ले कर आता था ।

उस दिन उदास था , जिस कारण उन्होंने उसको बोला की बेटा

देखो , तेरे पापा मेरे पास तेरी उम्र से है जब उसकी मूंछें नही आई थी । उसने अपने लिए आज तक कुछ नही किया । तुझे मैं क्या क्या बताऊं , उसने तेरे लिए , अपने परिवार के लिए वो सब काम करने को तैयार रहता था जो मुश्किल था । तुम छोटे थे तुमको ये भी नही पता होगा की पापा की उंगली कैसे कटी है , बेटा वो सब तुम सब के भविष्य के लिए किया गया है । बड़ा आदमी बन के अपने पापा की मेहनत पूरी कर , साबित कर की तेरे पापा के जितने फैसले थे वो सब सही थे । कहने को बहुत सारी बाते है पर आगे सब तुझे करना है । उदास ना हो तू आगे क्लास में बढ़ जायेगा बस वो एग्जाम दे देना।

हां कह के वो वहां से आ गया और रोते हुए सोचने लगा की मैं अपनी जिंदगी में हमेशा पापा के गुस्से ,मार के वजह से उनको हमेशा गलत समझता था , मैं सोचता था की मुझे खेलने नही दे रहे बस पढ़ो पढ़ो दुकान दुकान कर रहे है । वो मुझे अपने जैसा नही देख सकते इसलिए वो मेरे लिए इतना सोचते है और मुझे रोकते है उस दिन वो अपने गलत सोच पर बहुत रोया और पछताया भी , आखिर में अपने अंशु पोंछे और खुद से वादा किया की एक दिन पापा का नाम पूरी दुनिया फैलाऊंगा ।

रात का खाना खा के सब कोई सोने के लिए छत पर सोया था । अशोक अपने पुराने दिनों को याद करके बोलने लगा की

अशोक - अपनी पत्नी से आज इतने साल हो गए आज भी वो दिन याद जब मैंने वो फैसला लिया था और सब कुछ छोड़ के शहर आ गया ।

कई दिन बस पानी पी के रहे , खाने का खाना नही था , सोने के लिए कुछ नही था । हाथ से गेहूं काटना , ईट उठा के देना , लकड़ी तोड़ना ,मिट्टी उठाना , हाथो में छाले होना , एक साथ 15-20 लोगो के लिए गर्मी में रोटी बनाना । आज बाबू को उदास देख के मुझे डर लगने लगा की कही मेरा अतीत ना इसके सामने आ जाए । क्युकी अभी ये बच्चा ये नही सह पाएगा ये सब जो मैंने देखे है । ये बोलते हुए अशोक के आंखो में अंशु आ गए । वो बोल रहा था की घर परिवार देखते देखते मैने अपने लिए कभी कुछ बनाया ही नही की मेरे बच्चो का क्या होगा । आज कोई मुझ से पूछे क्या कमाया है इतने साल शहर रह के तो मेरे पास कुछ नही है , अशोक बहुत भावुक हो गया था बोलते हुए ।

अशोक का लड़का सारी बाते सुन के रो रहा था और महसूस कर रहा था की पापा ने कैसे कैसे दिन देखे है आज वो हमे अच्छे कपड़े , अच्छा खाना और कोई जिद्द होती तो उसको तुरंत पूरा करते है मेरी एक पसंद को कीमत नही देखते अगर कुछ मुझे पसंद हो पर बदले में मैंने क्या दिया ?

वो सब सुन के रो रहा था ।

अगले दिन सुबह उसने अपनी मम्मी से पूछा की

अशोक का लड़का - मां कल पापा कह रहे थे की गेहूं कटा ,मजदूरी की और खाना नही खाया कई दिन पानी पी कर रहा ये सब क्या था मतलब इतना कुछ उन्होंने कब किया ।

मां - बेटा , जब पापा छोटे थे तब घर की हालत इतनी अच्छी नहीं थी , तब हमारी शादी भी नही हुई थी । घर में खाने तक के लिए अनाज नही

थे । कई कई दिन कुछ खाते नही थे ये लोग ,पापा उस वक्त 9वी -10वी में थे उस वक्त जब उन्होंने ये सब हालत देखा और तुम्हारे दादा जमीन बेच रहे थे बहुत सारी जमीन बेच दिए थे और कई सारी जमीन गिरवी रखी थी , दादी अपना मंगलसूत्र और गहना तक गिरवी रख दी थी । घर में बहुत बुरा हालत था बहुत ज्यादा बुरा ,पापा को ये सब देखा नही गया और गांव छोड़ के वो शहर आ गए । शहर अब यहां आ कर रोपनी , सोहनी , कटाई ये सब काम करने लगे ये सब काम इन्होंने कभी नही किया था सब कुछ नया था , इस में कई बार पैर कटे कई बार हाथ पर चोट लगा । ऐसे ही अलग अलग जगह जाते थे काम करते करते ,आज जो तुम्हारे स्कूल के पास कॉलोनी है , उसको बनवाने में तुम्हारे पापा ने ईंट दिया है ,मसाला दिया है । फिर इस फैक्ट्री में आए यहां पर सरदार जी ने काम सिखाया था मिलिंग का तो उसके कारीगर बन गए फिर धीरे धीरे अपने भाई लोगो को लाए ।

शादी हुआ तो हम जब आए तो घर में

कुछ नही था , धीरे धीरे सब सामान जोड़े । पुराने बंदे होने के कारण सरदार जी ने अंदर ही कमरा दे दिया । यहां आने से कुछ रुपिया बचना शुरू हुआ ।

अपनी शादी , 2 बहन की शादी , गिरवी जमीन छुड़वाए , मां के गहने छुड़ाए सबका किया है लेकिन पापा के आज सब मौके पर ना कर देते है ।

तुम से उम्मीद है , हमारे कौनसे दो बेटे है की एक नही किया तो दूसरा करेगा , जो है तुम हो , कुछ भी करना पर कभी गलत काम मत करना । अपनी जमीर मत बेचना ,अगर जमीर बेचनी पड़ जाए तो बेटा मौत होती है वो , इसलिए ख्याल रखना । सब कोई बोलता है की मास्टर का बेटा मास्टर बनेगा , वकील का बेटा वकील बनेगा , तुमको भी बोला

गया है की बाप लोहे की फैक्टरी में है बेटा भी वही करेगा तो सबको गलत साबित करना पर अपने पापा को गलत साबित मत करना ।

उन्होंने अपने बेटे को संस्कार बहुत अच्छे दिए थे , हर कोई कहता था की शहर में रह के भी इतने संस्कार दिए आप लोगो ने , ऐसे ही कामयाब होगा । अशोक ने अपने बच्चो को साफ बोला था की बेटा कुछ भी करो कभी कोई गलत मत करना और शादी विवाह के लिए किसी दूसरी जाति के लड़की से मत सोचना , अगर कोई तो खुद को गोली मार लेंगे। अशोक ने इसके पीछे का भी सब समझाया था की क्यू क्या जरूरी है। उसने बचपन से अपने धर्म , जाति , अपने कर्तव्य और दूसरो से बदला नही बदलावों की भावना पर काम करने को बोला था । अशोक की पत्नी ने अपने बच्चे को हमेशा स्वामी विवेकानंद, सुभाष चन्द्र बोस , राजेंद्र प्रसाद, जय प्रकाश नारायण जैसे लोगो की कहानी सुना के बड़ा किया था और बताया था की बेटा ये सब तुम्हारी जाति के थे इन्होंने कभी भेद भाव नही किए इसलिए जाति के नाम पर कभी किसी से भेदभाव नही करना सब भगवान के बनाए हुए इंसान है पर शादी हमेशा अपनी जाति में करना ।

अशोक का लड़का - जब सब भगवान के है तो शादी अपनी जाति में क्यू ?

मां - बेटा आज का पढ़ा लिखा समाज जब एक कुत्ता खरीद के लाता है तब उस कुत्ते की भी नस्ल देखता है और बढ़िया नस्ल के लिए बढ़िया पैसे देते है ।

तुम्हारे समाज की लड़की आयेगी तो उसको एडजस्ट करने में दिक्कत नही होगी , वो बहुत जल्दी घुलमिल जायेगी क्युकी सारी संस्कृति एक जैसे होंगे , दूसरी लाओगे तो तुम अपनी पीढ़ी के संस्कार तो बदलोगे साथ में उस लड़की की जाति की भी पीढ़ी से एक संस्कार कम हो

जायेंगे ।

लड़का - मेरा सर दुखने लगा , मुझे नही सोचना आप लोग ही देखना मेरे लिए , मैं उतना नही सोच सकता ।

पिता के संघर्ष की कहानी सुन के अशोक के बेटे को अपने पापा पर गर्व हो रहा था की किस मिट्टी के बने है यह जो इन्होंने इतना लड़ा और आज भी मजबूती से सीना तान के खड़े है । वो अपने पापा को अपना आदर्श मानने लगा ।

उस दिन से उसने फालतू के शौंक छोड़ दिए और पढ़ाई पर ध्यान देना शुरू कर दिया ।

2 दिन बाद वो exam देने गया और 12th class में उसका एडमिशन हो गया । हिंदी मीडियम की पढ़ाई के कारण इंग्लिश समझ से बाहर थी इसलिए उसने पहली बार ट्यूशन ज्वाइन की और अब अशोक और मेहनत करने लगा क्युकी अब खर्चे बढ़ गए थे । उसकी लड़की भी 10th class अच्छे नंबरों से पास कर ली जिस से उसको खुशी थी की दोनो बच्चे पढ़ रहे है । एक बार अपनी बहन के साथ अशोक अपने परिवार के साथ अपनी मां के बहन से मिलने गया था और अपने मामा के वहां गया था । अशोक के बेटे के रंग सांवला था तो उसकी बुआ जिसने उसको बचपन में सबसे ज्यादा प्यार लाड़ किया था वो उसको सांवला काला बोल के गुस्सा की और उसको बद्दुआ दे कर कहने लगी की देखती हूं तू कौनसा डॉक्टर , इंजीनर बनेगा , बाप लोहा काट रहा है तू भी वही करेगा , अशोक का लड़का भी गुस्से में बोल दिया की आज से आपकी जो इज्जत थी वो सब खत्म बस अब नाम का रिश्ता होगा हमारा , उसकी बुआ बोली तुझे जैसा भतीजा नही चाहिए । अशोक के लड़के की कोई गलती नही थी , वो अपने फोन पर कपिल शर्मा शो देख के हंस रहा था और बुआ का लड़का अपने फोन में कुछ कर रहा था तो

वो अपने बेटे का गुस्सा अशोक के लड़के पर निकल दी ।

उस दिन उन लोगो को बाबा गरीबनाथ जाना था मुज्जफरपुर घूमने ,
तो रास्ते में अशोक ने अपने बेटे को बोला की जा के माफी मांग ली

लड़का - नही , मैने गलती नही की है , मैं माफी नही मांगूंगा ।

अशोक - माफी मांगने से कोई सही गलत नही होता उसने जो बोला है
गुस्से में बोला है , अब उसको झूठ तो तुमको साबित करना होगा

लड़का - पापा की बात मान के जा कर माफी मांग लेता है , पर माफी
मांगने के बाद वो दुबारा उनको बुलाया नही ।

उस दिन वो अपमान उसके जहन में घर कर गया , ऐसा जैसे किसी ने
उसको नही उसके पापा के आतमसम्मन को थप्पड़ मारा हो ।

उसने उस दिन को अपने अंदर दबा के रखा और उसको चिंगारी जैसे
इस्तेमाल किया जिस से वो अंदर ही अंदर उस चिंगारी को जला के
रखा और अपने हौसले को और मजबूत कर लिया था ।

समय बिता लड़के का 12th का exam हुआ , रिजल्ट आने में अभी 2
महीने का समय था तो वो दिल्ली चला गया घूमने भैया के पास अपने
, जब रिजल्ट आया उसने पापा को बोला की पापा पास हूं फर्स्ट
डिवीजन से वो बहुत खुश हुए और कहे की सरदार जी को बताओ ,

सरदार जी को फोन किया , बोला की पास हो गया मैं

सरदार - शाबाश बेटा , अब आगे अच्छे से पढ़ो पापा की मेहनत सफल
करो।

दो दिन बाद वो वापिस पंजाब आ गया , आते ही उसके पापा ने लड्डू बटवाए ।

स्कूल पढ़ाई पूरी होने के बाद लड़के ने आगे पढ़ाई के लिए कॉलेज में एडमिशन करवाया ।

जैसे जैसे बच्चे आगे पढ़ रहे थे खर्चे बढ़ रहे थे ।

खुद सारी जिंदगी साइकल पर चलने वाला , कभी आधा पेट , कभी खाली पेट तो कभी पैदल चलने वाला सर्द में गर्म कपड़े बिना रहने वाला अपने बच्चो को वो सब दे रहा था जिस चीज के लिए वो तरसा था । बेटे के कॉलेज में जाते ही उसको बढ़िया कपड़े और बाइक दिलवा दी की कॉलेज जायेगा ।

सब कोई बोला को गाड़ी देने से बिगड़ जायेगा ।

अशोक ने बेटे से बोला की

अशोक - हर कोई कह रहा है की बाइक देने से बिगड़ जायेगा । इसलिए मत दो , मुझे नही पता की क्या होगा पर एक बात याद रखना की तेरे बाप ने जो तकलीफ देखी है वो तू ना देखे इसलिए मैं लड़ रहा हूं तो बेटा हर कोई अपनी जिंदगी का सिरजन करता हैं । मैने कभी भी अपना सर शर्म से नही झुकाया ,मैने काम में कभी छोटा बड़ा नही देखा पर अपना स्वाभिमान हमेशा सबसे ऊपर रखा है तो इस चीज का ध्यान रखना क्युकी स्कूल की पढ़ाई बस नंबर के लिए है , जिंदगी में अगर किसी मुकाम पर जाना है तो ये कॉलेज को पढ़ाई से ही तुम्हारा जीवन तय होगा तो पढ़ाई करके अच्छा काम करो ताकि मेरा सहारा बनो बोझ नहीं क्युकी बेटा तुम्हारा बाप बहुत वक्त से लड़ रहा है कब ये थक जाए कुछ नही पता सब तुम पर है अब । अशोक के खुद के रिश्तेदारों ने उस से रिश्ता रखा था बस पैसे के कारण नही उनका जो काम था लोहे का

उस हिसाब से वो लोग अशोक को खुद से कमजोर समझते थे इसलिए हमेशा कहते थे की एक अनपढ़ फैक्ट्री में काम करने वाले का लड़का पढ़ के क्या डॉक्टर ,इंजिनर बनेगा ।

इन सब बातो का अशोक के लड़के पर बहुत गहरा असर पड़ा था और पापा के संघर्ष से तो वो वाकिफ ही था । वो देख रहा था की कैसे बुखार में पापा काम नही छोड़ रहे। शुगर के मरीज होने के कारण शरीर सारा सुख रहा था पर उनका हौसला कमजोर नही हो रहा था वो लड़ रहे थे अपने बच्चो के लिए को उनको तकलीफ ना हो कोई ये ना बोले की उसके बच्चे किसी चीज में कमजोर है ।

आज भी वो कभी कमजोर होता तो अपने पुराने दिनों को याद करता और खुद के बारे में खुद से कहता :-

मौकों पर भी बहकने नहीं देता

कैद है सदियों का सावन

पर ,इन्हे बरसने नहीं देता मैं

रूठे हुए हैं कई अपने भी

अंदाज़ ए अयने पे हमारे

मैं हुनर है सच्ची अफसानों का

जाने नहीं देता मैं ,कैद है सावन कई

सालो का पर इन्हे बरसने नहीं देता मैं

जिन बहारो पर तुम वाह वाह करते हो

कसम इन लफ्जो की मैं उन

खूबसूरतो आंखो में बसने नहीं देता

कैद है कई सदियों का सावन मुझमें

हर बात पर इन्हे बरसने नहीं देता मैं...

एक बाप की आखरी ख्वाइश होती है की बेटा कामयाब हो जाए और बेटी शादी के बाद अपने घर सुखी से रहे ।

अशोक के लड़के का दाखिला कॉलेज में हो गया उसने फार्मेसी में उसका दाखिला करवा दिया क्युकी बचपन से उसने उसको मेडिकल शॉप पर रखा था । कॉलेज में पढ़ते हुए कॉलेज के प्रिंसिपल ने एग्जाम लिया , जिसमे वो सबसे ज्यादा नंबर लाया और क्लास का c.r बनाया गया , क्लास में एक बारी किसी बात पर लड़ाई हो गई जिस कारण उसके बेटे को रस्टीगेट कर दिया गया ।

अशोक उस दिन कॉलेज आया और रिक्वेस्ट किया पर वो नहीं माने , अशोक को उस दिन बड़ी शर्मिंदगी महसूस हुई थी , वो पहली बार था जब उसको अपने बेटे के तरफ से ऐसा महसूस हुआ था पर उसके बेटे की कोई गलती नही थी , स्वाभिमानी होने कारण वो भी जब अपनी गलती ना होने पर किसी की सुनता नहीं था इसलिए जब कॉलेज की HOD ने उसके बोला तो गलती ना होने पर वो मैडम के सामने बोलने लगा था ।

अशोक ने बोला अगली बार से मुझे मत बुलाना अपना देख लेना खुद ही ये सब मेरे पास इतना वक्त नही है ।

धीरे धीरे एक साल बिता दूसरे साल में उसका पहले साल का परीक्षा हुआ उसने अच्छे नंबर से परीक्षा पास किया और अगले क्लास में गया । २nd ईयर के एग्जाम के वक्त देश में कोरोना से बुरा हाल था सबका काम खत्म हो गया था । लोग पैदल घर जा रहे थे , कई लोगो के पास खाने को खाना नही था । इसी बीच शहर में रहना मुश्किल भी था , अपने जैसे बाकी लोगो को बात लिखते हुए उसने लिखा :-

"मजदूर "

हां , मैं मजदूर हूं ,

मैं पढ़ा लिखा नहीं पर ,खून पसीने से

भारत को सिचता हूं

मैं अनपढ़ ,पर अपनी मातृ भूमि के लिए

हजारों मील पैदल नाप आता हूं

हां , मैं मजदूर हूं

ना शिकायत किसी से ना ,किसी पर दोष हैं

ना मंज़िल कोई ना कोई ठहराव है

मेरी मजबूरी का फायदा उठाता

जाग सारा हैं

मेरी परवाह नहीं ,

पर मेरे लिए रोता जाग सारा हैं

हां ,हां मैं मजदूर हूं

मैं भूख से मार जाऊं ,

पर उफ्फ ना करता हूं

देश से प्यार हैं ,

इसलिए चुप चाप सब सहता हूं

पत्थर फेंक देता ,तोड़ भी देता

अगर होता गैर ,तो "आग भी लगा दिया होता

पर चुप चाप चल दिया क्युकी

मैं भारत को सींचता हूं

हां हां मैं मजदूर हूं..

वहीं अनपढ़ गंवार मजदूर जो

भारत को कभी झुकने नहीं देता है

हां ,हां मजदूर हूं

कुछ महीनो को बाद परीक्षा की डेटशीट आई और अशोक के लड़का का फार्मेसी का दूसरा साल चल रहा था जब करोना आया ,इसके कारण पढ़ाई काफी पीछे हो गई परीक्षा ऑनलाइन हुई ,पास होने के बाद सब ट्रेनिंग करने के बाद उसका लड़का भी अब एक हॉस्पिटल में नौकरी

करने लगा था जहां उसको महीने का 7000 हजार तनखाव मिलने लगी थी बाकी डबल ड्यूटी करके वो 10-12 हजार महीने का बना लेता था । बेटे के तरफ से ऐसा सहयोग आता देख के वो खुश था की उसका बेटा अब लायक बन जायेगा ।

दोनो बाप बेटे मिल के काम करने लगे थे और अपने हालत से लड़ने लगे थे । समय बीत रहा था । इसी बीच उन्होंने गांव में जमीन लेने के लिए बात की थी जहां पर उन्होंने लगभग सारे पैसे दे दिए थे पर आखिर में वो जमीन बेचवाने वाले ने सारे पैसे खा गए , अशोक इसके बाद अंदर हो अंदर बहुत कुछ सोच के जी रहा था क्युकी मेहनत की कमाई थी जिसको उसने पाई पाई करके जोड़ी थी पर वो कुछ ऐसा नही कर सकता था जिस से कल उसके बच्चो को कोई तकलीफ हो । ऐसे संघर्ष करते करते उसकी उम्र 50 साल से ज्यादा हो गई थी । वो अब भी शेर के जैसे लड़ रहा था अपने बच्चो के लिए अपने परिवार के लिए अब तो उसको अपने सपनो का अपने आप का भी खबर नही था । बच्चे की पढ़ाई में जो पैसे उसने लिए थे उसके लिए वो डबल काम कर रहा था , वो अपने बेटे के साथ अपनी बेटी को भी अच्छी शिक्षा दे रहा था उसके पढ़ाई का भी खर्चा जा रहा था वो भी कॉलेज में पढ़ने आने लगी थी । जिंदगी की गाड़ी पटरी पर थी । इसी बीच उसके पिता जी के तबियत बहुत खराब हो गई , वो अपने पिता जी के तबियत खराब होने के कारण गांव गया । उसकी मां का स्वर्गवास बहुत पहले हो चुका था , पिता के सेवा के लिए अंतिम दिनों में वो अपने पिता के साथ और अपने बेटे होने का फर्ज निभा रहा था। संघर्ष की भट्टी में तपने से उसका रवैया थोड़ा क्रोधित हो गया था क्युकी सुगर का मरीज होने और जिंदगी में इतना कुछ देखने के बाद एक व्यक्ति खुद के व्यतित्व में बदलाव ले ही आता ,हालत उसको एक मजबूत इंसान बना देते है ।अशोक के बेटे ने अशोक से कह दिया था की पापा हम लोग गांव वापिस चलेंगे पर अशोक डरता था की गांव जा के कही वही हालत ना

सामने आ जाए पर उसका बेटा कहता पापा आप गांव से शहर आए थे अपने हालत को सुधारने के लिए आज अपने वो सब किया है । अगर आप यहां बसने आए होते तो मैं खुद कहता यहां बस जाओ । पापा घर वापसी तो करनी पड़ेगी , बाकी मैं हूं ना मैं वहां पर ही बहुत कुछ कर लूंगा , अगर वहां नही कुछ हुआ तो मैं हूं कुछ न कुछ कर लूंगा । आप गांव में घर बनवाइए कुछ सालो में बहन को पढ़ाई पूरी हो जायेगी उसकी शादी भी आ जायेगी ।

अशोक अंदर ही अंदर लड़ रहा था एक और युद्ध संयम का खुद से खुद के विरुद्ध ।

क्युकी बढ़ती मंहगाई में अपनी इकलौती बेटी की शादी करवाने में बहुत ज्यादा खर्च आ जाता । वो गांव पर घर बनवाने काम शुरू करवा दिया । घर का काम लगभग पूरा हुआ था की उसके पिता जी का देहांत हो गया , अक्सर आग देने के लिए बड़ा बेटा या छोटा बेटा होता है , अशोक मझिला बेटा था , उसने आपके पिता को आग दिया । कहते है कहने को औलाद कई पर जो आग दे वो बेटा होता है ।

अब अशोक अपने बेटे को जिम्मेवारी से मुक्त हो चुका था अब वो बस एक पति और पिता का किरदार निभा रहा था ।

एक दिन फोटो एल्बम देखते देखते उसने पापा और खुद की फोटो देखी जिसमे उसके पापा ने उसके पेट को अपने सर पर रखा और लड़के को कंधे पर बैठा के फोटो करवाया था ।

फोटो देख के वो सोचने लगा की मुझे बनाते हुए खुद आज पूरी तरह से वो खत्म हो गए , उन्होंने खुद के लिए कभी जिया ही नही , जब से होश संभाले बस परिवार कभी अच्छा बेटा , अच्छा भाई , अच्छा पति , अच्छा पिता का किरदार निभाते रह गए ।

फिल्मों के हीरो तो बस एक एक्टिंग करते है पापा ने तो सच में ये सब किया है ।

उसको वो दिन याद था जब एक बार जब वो 8वी में था और वो अपने पुराने दिनों को याद करते हुए रो दिए थे की पूरी जिंदगी मैंने अपने लिए कुछ नही किया सारी जिंदगी बस कमा कमा के परिवार का किया ।

वही अशोक का लड़का सोच रहा था की मैं कितना गैर जिम्मेवार बेटा बन रहा था , फिर उसने नौकरी के साथ साथ खुद भी काम शुरू किया उसने अपने बुद्धि का इस्तेमाल करते हुए काम करना चाहा , उसके पापा ने बोला

अशोक - बेटा नौकरी कब तक करेगा , नौकरी से बस घर के खर्चे पूरे होंगे कुछ बना नही पाएगा कुछ अपना काम कर ।

अशोक के लड़के ने आगे की पढ़ाई के लिए B फार्मेसी में एडमिशन करवा लिया साथ में उसने एक छोटा सा कोर्स CMS &Ed का कर लिया जिस से वो अब क्लिनिक खोल सकता था । उसके पापा ने उसके लिए कुछ जगह से पैसे उठा उठा के उसको देते की लो करो काम ,बेटे को काम करता देख वो खुश थे । क्युकी वो बहुत परेशान थे की जीवन में इसका क्या होगा कही इसका जीवन भी मेरी तरह ना हो जाए , क्युकी उसके रात को सोने का कोई समय नहीं था वो रात रात भर फोन चलाता था , जिम्मेवारी जैसा कुछ नही था , बस हा जैसा चल रहा है उस पर डिपेंड था । अशोक चाहता था की जब तक वो है कम से कम बेटा लायक हो जाए । जब बेटा काम करने लगा कमाने लगा । तब जब वो गांव गया तब गांव के लोगो ने बोला की

गांव के लोग - यार तुम इतने साल से शहर में हो कोई घर जमीन बनाए हो , शहर में की नही , अशोक ने गांव छोड़ा था बस अपने घर के हालात को सुधारने के लिए शहर में बसने का उसका कोई इरादा नहीं था इसलिए उसने कभी सोचा नहीं था इस बारे में फिर अशोक ने बोला

अशोक - भाई इतना साल हो गया शहर में 30-35 साल में कुछ नही बनाया था जो बनाया है वो अब बना है मेरे दोनो बच्चे लायक बन गए है लड़का पढ़ाई करके अपना क्लीनिक चला रहा है और आगे की पढ़ाई कर रहा है और उसका कहना है की पापा शहर नही आपका गांव ही चाहिए क्युकी आप यहां रहने नही आए थे ।

गांव के लोग - इतना साल शहर में रह के वो गांव में रहने को बोल रहा है सोचने वाली बात है नही तो आज के समय में कौन ऐसा बोलता है ।

अशोक - हां , पर इतने सालो में मैने बस यही कमाया मेरा बेटा मेरी करोड़ों को संपत्ति है वो मैने उस को बनाया है वो अब वो दिन नही देखेंगे जो मैने देखा वो अपनी जिंदगी में कुछ भी करेगा अच्छा ही करेगा ।

जिंदगी के इन इम्तिहान पर इम्तिहान देख अशोक बहुत मजबूत था , वो एक खरा सोना बन गया था , अब उसको अपने बेटे का सहयोग मिल रहा था जिस से दोनो में गांव में बहुत अच्छा घर बना लिया था अपने भविष्य के लिए ,वो बहुत मजबूत हो गया था । अब उसके पास बस एक काम था अपने दोनो बच्चो को शादी का

बच्चो की शादी के लिए अब वो फिर मेहनत करके पैसे जोड़ने शुरू कर दिए थे । फिर से वो खड़ा था अपनी जिंदगी के अंतिम सबसे बड़े युद्ध के लिए , अपने आखरी कर्तव्य के लिए ....

अशोक की यह मेहनत उसका आज ही नही उसकी आने वाली कई पीढ़ियों का भविष्य सुधार चुकी थी । उसके एक घर छोड़ने के कारण उसको बहनों की शादी अच्छे घर में हुई थी वो खुशी से अपने घर में थी । उसने अपने भाईयो को शहर ला के काम दिलाया जिस से वो भी अब अच्छा काम कर रहे थे और अपने परिवार को बहुत अच्छे से पालन कर रहे थे । समय पर उसके सभी भाईयो ने अपने अपने से मतलब रखना शुरू कर दिया था पर अशोक अभी तक घर परिवार सबको ले कर चल रहा है । उसके जीवन के दो बहुत बड़े त्यौहार उसके बच्चो की शादी , उसके लिए अब वो अकेला नहीं था उसका बेटा उसके साथ कदम से कदम मिला के खड़ा था ।

उसके बेटे ने अपने पिता को समझा था । उसके पिता ने अपना जीवन पूरे परिवार को समर्पित किया था ,उसके बेटे ने अपना जीवन अपने पिता के खुशी के लिए समर्पित करने को तैयार था ।

..... कहानी अभी बाकी है अगले संस्करण तक साथ दीजिएगा ।

एक जिम्मेवार मर्द हमेशा लड़ना जनता है , वो सदेव अपने परिवार के लिए लड़ता है । ये कहानी अशोक की नही अशोक जैसे कई लोगो की है जो अपना सारा जीवन अपने परिवार के लिए लगा देते है और इनके जैसे लोगो को कहानी कभी सामने नही आती । आती भी है तो उसमे काफी अलग अंदाज में जिसका असलियत से कोई लेना देना नही होता ,क्युकी हर कोई ऐसी कहानी सुनना चाहता है जिसमें अंतिम में कामयाबी हो पर ऐसी कहानियां जिसका कभी अंत नही होता ये कहानी हमारे समाज की उस तबके कहानी है जो हार नही मानते वक्त और हालात के आगे और एक दिन अपने मेहनत से अपने तकदीर को बदल देते है । ये लोग ही ब्रह्मा बन के नई पीढ़ी का सिरजन करते है ,विष्णु बन के बेहतर ढंग से पालन करते है और परिवार पर आंच आने पर यही लोग रुद्र बन जाते है ।